Günter Huth

Der *Schoppenfetzer* und die Silvanerleiche

Günter Huth wurde 1949 in Würzburg geboren und lebt seitdem in seiner Geburtsstadt. Er kann sich nicht vorstellen, in einer anderen Stadt zu leben. Von Beruf war er Rechtspfleger (Fachjurist). Günter Huth ist verheiratet und hat drei Kinder.
Seit 1975 schreibt er in erster Linie Kinder- und Jugendbücher sowie Sachbücher aus dem Hunde- und Jagdbereich. Außerdem veröffentlichte er zahlreiche Kurzerzählungen. In den letzten Jahren hat sich Günter Huth vermehrt dem Genre „Krimi" zugewandt und bereits einige Kriminalerzählungen veröffentlicht. 2003 kam ihm die Idee für einen Würzburgkrimi. Der Autor ist Mitglied der Kriminalschriftstellervereinigung *Das Syndikat*.

Die Handlung und die handelnden Personen dieses Romans sind frei erfunden. Jede Ähnlichkeit mit toten oder lebenden Personen oder Persönlichkeiten des öffentlichen Lebens ist nicht beabsichtigt und rein zufällig.

Günter Huth

Der *Schoppenfetzer* und die Silvanerleiche

Der erste Fall des Würzburger Weingenießers Erich Rottmann

Buchverlag Peter Hellmund

Das Licht im Zimmer war gewollt spärlich. Die Schatten der beiden Menschen in dem großen Büroraum verschmolzen zu einer konturlosen Einheit. Es wurde nicht gesprochen. Nur hin und wieder hörte man leises Seufzen, heftiges Atmen oder das Rascheln hastig zur Seite geschobener Bekleidung. Die Szene war eindeutig.

Plötzlich stockte das heftige Spiel der Geschlechter. Einer der Schatten löste sich vom anderen und gewann die Kontur einer Frauengestalt zurück. Der andere Schatten war männlich.

„Wir müssen völlig verrückt sein, dass wir dieses Risiko eingehen", sagte die Frau heftig atmend. Sie sprach im Rhythmus einer mühsam unterdrückten Erregung, jedoch leise. Schließlich erhob sie sich mit einem Ruck von der Couch, schob ihren Rock nach unten und begann mit zitternden Fingern die Knöpfe ihrer Bluse wieder zu schließen.

„Was soll schon groß passieren", erwiderte der Mann, während auch er sich auf der Couch aufrichtete. Der Klang seiner Stimme verriet Enttäuschung. „Um diese Zeit ist doch keiner mehr im Haus."

„Wenn wir hier erwischt würden, gäbe es in der Stadt einen schönen Skandal, den wir beide beruflich nicht überleben würden."

Sie hatte mittlerweile ihre Kleidung wieder vollständig in Ordnung gebracht und richtete nun mit geschickten Fingern ihre in Unordnung geratene Frisur.

„Mein Gott, zwei erwachsene Menschen lieben sich … Gut, der Ort ist vielleicht etwas exotisch, aber das ist doch keine Schlagzeile."

Er lächelte sie mit seinem spitzbübischen Grinsen an, dem sie kaum widerstehen konnte. Die Frau spürte dabei seinen wissenden Blick, der über ihre reizvolle Figur glitt, deren wohlgeformte Silhouette trotz ihrer konservativen Kleidung kaum kaschiert wurde.

Sie ergriff eines der beiden Gläser, die auf dem Couchtisch standen und reichte es dem Mann.

„Ist das mein Glas?", vergewisserte er sich.

Sie nickte nur geistesabwesend.

Er setzte an und nahm einen langen, kräftigen Schluck. Es war schwül in dem Raum, und er hatte einen trockenen Mund.

Einen Sekundenbruchteil später spuckte er laut prustend den Teil des Getränks heraus, den er noch nicht hinuntergeschluckt hatte. Viel war es nicht.

„Mein Gott, in dem Glas war Wein!", stieß er entsetzt hervor. Das Glas fiel zu Boden.

Zuerst verwundert, dann immer besorgter, zuletzt entsetzt, beobachtete die Frau, wie sich in dem Gesicht des Mannes eine dramatische Veränderung vollzog. Innerhalb von Sekunden bekam er massive Atembeschwerden, und die Augen quollen aus ihren Höhlen. Seine Sprache war nur noch ein heiseres Gestammel, und seine Hände tasteten hilfesuchend zum Hals. Als er würgend neben der Couch zusammenbrach, löste sich endlich ihre Starre. Es gab keinen Zweifel, der Mann benötigte dringend Hilfe. Ihre Gefühle drängten sie, sofort zum Telefonhörer zu greifen, während der rationale Teil ihres Gehirns vor den gesellschaftlichen Folgen eines Notarzteinsatzes an diesem Ort warnte.

Ehe sie sich zwischen diesen beiden widerstreitenden Empfindungen entscheiden konnte, klopfte es an die Tür.

Übergangslos verlor sie die Nerven. Ohne nachzudenken, verließ sie fluchtartig das Büro durch die zweite Tür. Sie sah nicht mehr, dass sich der Mann auf dem Boden noch einmal heftig aufbäumte, bevor sein Atem mit einem letzten Röcheln erlosch.

Zurück ließ sie einen zarten Hauch von *Emotion*, einem herb-frischen Eau de Toilette, wie es gerne von jugendlich-dynamischen Businessfrauen benutzt wurde.

Die Montagnacht war schwül. Die im Asphalt gespeicherte Wärme zeugte von der drückenden Hitze des zurückliegenden Frühsommertages. In Würzburg rückten die Zeiger der Uhren immer näher auf Mitternacht.

Der Mann im korrekten schiefergrauen Anzug, der zu dieser späten Stunde das Gebäude betrat, war mittleren Alters, durchschnittlich groß, hager und drahtig, mit schütterem Haarwuchs. In seiner Position verfügte er über einen Hausschlüssel.

Von einer Aufsichtsratssitzung kommend, wollte er trotz der späten Stunde noch kurz in seinem Büro vorbeischauen, um ein paar Unterlagen mitzunehmen, die er für eine frühe Sitzung am nächsten Tag benötigte. Kurz bevor er sein Arbeitszimmer betrat, glaubte er jenseits des langen Flures Geräusche zu hören, die er nicht einordnen konnte. Sie kamen offenbar aus einem anderen Büro, das auf dem selben Flur, jedoch einige Türen entfernt lag. Im Halbdunkel des Ganges verharrte er etwas unschlüssig, dann gewann seine Neugierde die Oberhand, und er pirschte sich leise an. Sein Puls beschleunigte. Fast berührte sein Ohr das Holz. Er wusste, dass die Tür auf der anderen Seite schallschluckend gepolstert war und daher nur verhältnismäßig laute Geräusche nach außen dringen konnten.

Da war es wieder! Ein seltsam erstickendes Würgen. Es klang fremd, fast tierisch.

Unvermutet brach das Geräusch ab. Drinnen war es wieder völlig still.

Er zögerte. Brennend gerne hätte er gewusst, was zu so später Stunde in diesem Zimmer vorging.

Er stand unschlüssig. Seine buschigen Augenbrauen zogen sich zusammen, und er fixierte die Klinke, als könne er sie allein mit der Kraft seines Willens bewegen. Schließlich siegte seine Neugier über die Vorsicht. Er klopfte an. Erwartungsgemäß bekam er keine Antwort. Trotzdem wartete er noch einen Moment.

Plötzlich hörte er vom anderen Ende des langen Flurs, das hinter einer Biegung lag, das hallende Geräusch einer sich schließenden Tür. Der Raum, vor dem er stand, hatte, wie er wusste, noch einen weiteren Ausgang. Es schien so, als habe SIE ihr Büro gerade verlassen und war gegangen.

Tief durchatmend trat er ein.

Als er den schwachen Lichtschein bemerkte, hätte er den Raum fast wieder fluchtartig verlassen. Hatte er sich getäuscht? War SIE doch noch da? Die Lichtquelle, die Schreibtischlampe, erhellte nur das engere Umfeld der Arbeitsplatte, auf der sie stand, richtig. Das übrige Zimmer lag in einem diffusen Dämmerlicht.

„Hallo“, rief er halblaut. Der Klang seiner Stimme beunruhigte ihn.

Als auch sein nochmaliges „Hallo!“ ohne eine Reaktion verhallte, schloss er die Tür und wagte sich zögernd weiter in das Zimmer hinein. Auf seiner Stirn bildeten sich kleine Schweißperlen.

Tief sog er die Raumluft ein. Deutlich roch er den markanten Duft des ihm so vertrauten Eau de Toilette, der wie ein sanfter Schleier im Zimmer stand. Ziemlich frisch noch. Er war sich sicher, dass SIE gerade noch hier gewesen sein musste.

Fast wäre er über das schlecht erkennbare Hindernis gestolpert, das plötzlich vor seinen Füßen auftauchte. Erschrocken starrte er auf das behoste Beinpaar, das irgendwie völlig deplaziert in den Raum hinein ragte.

Zögernd machte er einen Schritt vorwärts. Jetzt sah er die männliche Gestalt, die direkt vor einer schwarzen Ledercouch auf dem Fußboden lag. Die Couch war Teil einer Sitzgarnitur, die dem Büro, selbst bei der schlechten Beleuchtung, einen repräsentativen Charakter verlieh.

Erleichtert stellte er fest, dass der Liegende ihn offenbar noch nicht bemerkt hatte. Aber gerade das war das Eigenartige an der Situation. Er empfand Beklemmung. Schließlich holte er sein Gasfeuerzeug aus der Tasche und leuchtete in den düsteren Winkel.

„Verdammt!", entfuhr es ihm, als er die entstellten Züge des Menschen registrierte. Dessen Miene war zu einer verzerrten Grimasse erstarrt. Tief eingemeißelter Schmerz, in einer Maske konserviert.

Als ihm die Erkenntnis kam, wäre ihm das Feuerzeug vor Schreck fast aus der Hand gefallen. Er war zwar kein Experte, aber wenn er sich nicht sehr täuschte, dann lag dort eine Leiche.

Der Mann war ihm kein Unbekannter. Ein innerer Zwang verlangte von ihm, sich Gewissheit zu verschaffen. Er überwand sich und fasste dem Liegenden an das Handgelenk. Seine Finger suchten den Puls. Die Hand war normal warm, aber schlaff, der Herzschlag nicht tastbar. Lange konnte er noch nicht tot sein.

Neben dem Oberkörper des Toten hatte er im Schein der Flamme ein Weinglas auf dem Teppich entdeckt. Ein zweites, teilweise gefülltes, stand auf dem Tisch. Dem Mann stieg vor plötzlich aufwallendem Zorn das Blut in den Kopf. Er kannte die Gläser nur zu gut. Sie gehörten IHR, und er wusste, dass sie normalerweise niemandem gestattete, sie zu benutzen. Es mussten schon besondere Umstände vorliegen, dass sie bei diesem Mann eine Ausnahme gemacht hatte. Umstände, die, nach dem Zustand der Kleidung des Toten, nicht schwer zu erraten waren. Sein Hemd war an der Brust weit aufgeknöpft und hing ihm teilweise aus dem Hosenbund. Darunter konnte man, halb verdeckt, ein Pistolenholster erkennen.

Eines der Kissen, die auf der Couch lagen, war auf den Boden gefallen. Die anderen waren zusammengedrückt, so als hätte vor kurzem ein schwerer Körper darauf gelegen. Es bedurfte keiner großen Phantasie, um zu dem Schluss zu kommen, dass der Tote offensichtlich mitten aus einer amourösen Begegnung ziemlich abrupt aus dem Leben gerissen worden war.

Der Mann richtete sich wieder auf und ordnete sein Jackett. Seine Gedanken flogen. Ein Wechselbad der Gefühle trieb seinen Blutdruck in die Höhe. Wut und Eifersucht beherrschten sein Denken. Was genau war hier geschehen? Wenn das zutraf, was er sich ausmalte, war hier etwas abgelaufen, was SIE, käme es in die Öffentlichkeit, in allergrößte Schwierigkeiten bringen würde. Er erinnerte sich an das Türenschlagen, das er vor seinem Eintritt in dieses Büro gehört hatte. Offenbar war sie in Panik davongerannt.

Ganz langsam gewann sein rationaler Verstand wieder die Oberhand über seine Emotionen.

Die Frau, die in diesem Raum arbeitete, war seine Gegnerin gewesen. Irgendwie hatte er sie damals bewundert und geliebt. Sie hatten sich bekämpft, und sie hatte gesiegt. Jetzt musste er sich mit einer untergeordneten Stellung zufriedengeben. Seitdem übte sie Macht über ihn aus – und er hasste sie dafür. Er hatte nach Wegen gesucht, sich gegen diese Hassliebe zu wehren. Ohne Erfolg.

Irgendwann hatte er damit begonnen, SIE auch in ihrem privaten Umfeld zu beobachten. Zunächst vorsichtig unauffällig, ohne, dass sie es bemerkte. Langsam hatte er sich dann in eine Rolle hineingesteigert, in der er sich irgendwann als Jäger sah. Die Beobachtete wurde in seinen Augen zum Objekt, zur Beute. Das gab ihm das herrliche Gefühl, Macht über sie ausüben zu können. Von dieser bloßen Empfindung, bis hin zu dem Bedürfnis, ihr, seiner Beute, diese Macht auch irgendwie zu demonstrieren, war es nur noch ein kleiner Schritt.

Es war eine mondfinstere Nacht, als er, getrieben von seiner Obsession, zum ersten Mal das Grundstück seiner Beute betrat und aus dem Garten eines ihrer zum Trocknen aufgehängten Wäschestücke entwendete. Er wollte, dass seine Beute von der Gegenwart des Jägers wusste. Deshalb hinterließ er ein Zeichen. Sie sollte wissen, dass er die Macht hatte, jederzeit in ihre private Sphäre eindringen zu können. Deshalb hängte er anstelle des Wäschestücks einen kleinen Fichtenzweig an die Wäschespinne. Er übernahm damit die Gepflogenheit von Jägern, die die Erbeutung eines erlegten Wildtieres mittels eines Fichtenbruches anzeigten.

Seitdem war er schon mehrfach in die persönlichen Lebensbereiche seiner Beute eingedrungen. Er war in ihrem Haus gewesen und hatte sein Zeichen in ihrem Auto und ihrem Büro hinterlassen.

Seine Aktivitäten zeigten bald Wirkung. Er bemerkte, dass sie nervös wurde. Ihr Selbstbewusstsein erhielt einen Riss. Er hatte die Macht.

Sein Mut wuchs mit ihrer Angst. Er besorgte sich Trophäen, Fetische. Gegenstände aus ihrem intimen Umfeld, die er nur erbeuten konnte, indem er ihr bedrohlich nahe kam.

Sie fühlte seine ständige Gegenwart, konnte aber gegen dieses Phantom nichts tun. Er war für sie ein bedrohlicher Schatten. Namenlos. Gesichtslos. Nicht greifbar. Aber immer gegenwärtig.

Irgendwann tauchte dann dieser Mann auf. Ständig hielt er

sich in der Nähe seiner Beute auf. Dann erfuhr er es: Das war auch ein Jäger, der wiederum ihn, den Jäger, jagen sollte. Sie vertraute diesem Mann, fühlte sich durch ihn beschützt. Eine interessante Herausforderung für ihn. Er bewies ihr schnell, dass er trotzdem weiterhin Macht über sie hatte.

Je mehr er darüber nachdachte, desto stärker kam er zu der Erkenntnis, dass diese unerwartete Situation, in die er hier hineingeraten war, ihm die Chance bot, ihr seine Macht auf besonders krasse Weise zu demonstrieren. Er hatte keinen Zweifel, dass ein Toter in diesem Büro einen gewaltigen Strudel auslösen würde, in dessen Sog sie untergehen würde. Wenn er hingegen diesen Toten beseitigte und damit die Gefahr von ihr abwendete, hätte sie an seiner Allmacht sicher keinen Zweifel mehr. Dieser Gedanke erregte ihn. Erregte ihn sehr.

Es erstaunte ihn etwas, dass sie vorhin so panisch reagiert hatte. SIE war normalerweise kühl kalkulierend und hart im Nehmen. Sicher würde ihr Verstand sehr schnell wieder die Oberhand gewinnen. Sie war sehr intelligent, und ihr würde sehr schnell klar sein, dass das Auffinden dieser Leiche an diesem Ort ihrer gesellschaftlichen Vernichtung gleichkommen würde.

Mit Gewalt unterdrückte er ein aufkommendes Hochgefühl und zwang sich zu rationalem Denken. Es war auf den ersten Blick nicht ersichtlich, woran der Mann gestorben war. Er konnte keine Verletzung erkennen, die auf äußere Gewalteinwirkung schließen ließ. Die eine Hand war auf Brusthöhe im Hemd verkrampft.

Die Gedanken hetzten durch seinen Kopf. Ihm war klar, dass sich, sobald die Leiche gefunden wurde, die ganze Maschinerie in Bewegung setzen würde. Staatsanwaltschaft, Polizei, Presse. Es würde eine Lawine losgetreten werden, die keiner mehr aufhalten konnte. Eine Lawine, die das Objekt seines Jagdtriebs unter sich begraben konnte. Irgendwie musste er es schaffen, eine falsche Fährte zu legen, die von IHR ablenkte.

Nach kurzem Zögern begann er zu handeln. Wobei sein Tun mehr einer spontanen Eingebung, als einem kalkulierten Vorgehen entsprang.

Der peitschende Knall eines Schusses, im Zentrum einer Stadt, in einer dunklen Nacht, in einem menschenleeren Gebäude, hat etwas Erschreckendes. Ein solcher Vorgang ist in seinen psychischen Wirkungen gleichzusetzen dem finalen Paukenschlag in einer dramatischen Oper, der einer bevorstehenden Hinrichtung vorausgeht. Die nachfolgende Stille macht die Vorgänge für den Zuschauer körperlich begreifbar und weckt bei ihm instinktive Ängste.

Objektiv betrachtet bestand für den Akteur des nächtlichen Dramas in der schlafenden Stadt, in dem verlassenen Gebäude, keine Gefahr. Schon wenige Zimmer weiter war der Schuss nicht mehr als solcher zu identifizieren.

Der Mann stand breitbeinig über den Toten gebeugt. Mittlerweile steckte der Kopf der Leiche bis zum Hals in einer blauen Plastiktüte aus den Beständen des Reinigungspersonals. Aus derselben Quelle stammten die Gummihandschuhe, die er sich übergezogen hatte.

Der verhüllte Kopf lag auf dem heruntergefallenen Kissen.

Der Plastiksack hatte seit einer Minute einen kleinen Schönheitsfehler. Zu beiden Seiten des verhüllten Kopfes war ein Loch eingestanzt. Ein kleines oben, ein größeres unten.

Das Geschoss hatte das Kissen zwar mühelos durchschlagen, die verräterischen Blutspuren waren allerdings, wie erhofft, im Stoff hängen geblieben.

In der rechten Hand hielt er mit zittrigen Fingern die großkalibrige Pistole, die er aus dem Holster am Gürtel des Toten gezogen hatte. Der beißende Geruch von Nitropulver stand im Raum und reizte seine Schleimhäute.

Der Mann atmete so heftig, als hätte er einen schnellen Lauf hinter sich. Benommen starrte er auf die am Boden liegende Gestalt. Langsam bückte er sich und legte die Pistole vorsichtig neben sich auf den Boden. Die Bedrohung, die auch für ihn selbst von der Waffe ausging, war ihm bewusst.

Erneut wischte sich der Mann den Schweiß von der Stirn. In einer unbewussten Anwandlung von Ekel benutzte er dabei nicht seine gummigeschützte Hand, sondern den Ärmel seines Jacketts, weil er mit dem Latex die Leiche angefasst hatte. Dann gab er sich einen Ruck, hob den Kopf des Toten und stülpte eine zweite Plastiktüte über die erste. Dabei achtete er sorgfältig darauf, dass er nicht mit dem Blut auf dem Kissen in Berührung kam.

Suchend irrte sein Blick durch den halbdunklen Raum. Als er nicht fündig wurde, bückte er sich und zog sich einen Schnürsenkel aus einem seiner Schuhe. Damit band er die beiden Plastiktüten am Hals der Leiche zu. Dabei versuchte er die Nachgiebigkeit des Fleisches zu ignorieren, die ihm bewusst machte, dass er gerade einen menschlichen Kopf verpackte.

Die Waffe! Er musste sich noch um die Waffe kümmern. Tief durchatmend ging er neben der Leiche in die Hocke, drückte ihr den Griff der Waffe in die rechte Hand und schloss die schlaffen Finger darum. Mit Bedacht drückte er jeden einzelnen Finger so um den Griff der Waffe, dass es so aussah, als hätte sie der Tote selbst in der Hand gehalten. Er war zwar sicher, dass die Pistole ausschließlich die Fingerabdrücke des Toten trug, aber es wäre ja möglich gewesen, dass er sie mit den Handschuhen verwischt hatte. Anschließend überlegte er kurz, dann steckte er die Pistole ins Schnellzugholster am Gürtel der Leiche zurück. Dort war sie vorläufig sicher verwahrt.

Atem schöpfend blieb der Mann noch einen Moment stehen und starrte auf die reglose Gestalt mit der Plastikhaut über dem Kopf. Obwohl ihm die Sache, jetzt, nachdem er nicht mehr in die gebrochenen Augen des Getöteten blicken musste, etwas leichter fiel, stand er noch immer unter Strom.

Er rief sich zur Ordnung und löste sich aus seiner starren Haltung. Für Bedenken war jetzt keine Zeit. Er musste fertig werden. Noch gab ihm das Adrenalin in seinen Adern die Kraft, diese nervenzehrende Ausnahmesituation zu meistern. Er ahnte aber, dass dieser Zustand nicht mehr lange andauern würde.

Er fasste die Leiche an den Schultern und zog sie ein Stück zur Seite, dann hob er das Kissen weg. Im Parkettboden wurde ein kleines, kalibergroßes Loch sichtbar. Hier war das Projektil eingedrungen, nachdem es den Schädel des Opfers durchschlagen hatte. Diese Spur war in der Hektik, die ihm die vergangene Stunde aufgenötigt hatte, leider nicht zu vermeiden gewesen.

Das Kissen verschwand ebenfalls in einem Plastiksack. Dann zog er den schweren Teppich, von dem er vor dem Schuss an einer Ecke das Teppichklebeband gelöst und ihn dann zurückgeschlagen hatte, wieder an Ort und Stelle und drückte das Klebeband fest. Zufrieden knurrte er. Das Loch war nun nicht mehr zu sehen.

Er verließ das Arbeitszimmer und betrat den Flur. Dort lauschte er kurz. Es war aber nur das Rauschen des Blutes in seinen Adern zu hören.

Die nächtliche Sparbeleuchtung des Flures genügte ihm. Ohne Zögern hastete er in einen abzweigenden Nebengang. Er betrat ein anderes Büro. Hier herrschte die typische Atmosphäre eines Raumes, in dem mehrere Menschen in einer gewissen Enge zusammenarbeiten mussten. Durch die offengelassene Tür kam der Schein der Flurlampe und bot gerade soviel Licht, dass er sich orientieren konnte.

Die Einrichtung des Büros wurde von einem ärmlich anmutenden Puzzle aus abgenutzten Möbeln und einigen Accessoires moderner Bürotechnologie geprägt. Der Gegensatz zur repräsentativen Einrichtung der Büros der Führungskräfte war augenfällig.

Für solche sozialkritischen Gedanken hatte der Mann allerdings jetzt keinen Kopf. Er packte einen hier abgestellten Transportwagen für Geschäftspost und zog das abgenutzte Gefährt hinter sich her auf den Flur. Das Klappern der schlackernden Räder schallte über den Gang. Obwohl er sicher war, im Hause allein zu sein, strapazierte das metallische Geräusch seine sowieso schon zum Zerreißen angespannten Nerven zusätzlich.

Er schob den Karren neben den leblosen Körper. Sein erster Versuch, die Leiche auf den Karren zu heben, misslang kläglich. Wie ein nasser Sack fiel der Körper mit einem dumpfen Geräusch auf den Teppich zurück.

Nervös lockerte er sich die Krawatte, um besser atmen zu können. Dann griff er noch einmal beherzt zu. Der Tote hatte einen sportlich trainierten Körper und mochte gut seine 90 Kilo wiegen. Ihm kam der schlaffe Leichnam allerdings noch wesentlich schwerer vor.

Endlich hatte er die Leiche auf der Ablagefläche des Karrens. Um die baumelnden Arme unter Kontrolle zu bringen, klemmte er sie unter den Körper. Er hob das Weinglas vom Boden auf und steckte es in den Plastiksack zu dem Kissen, dann schob er den Sack in eines der Fächer des Transportkarrens. Das zweite Glas ließ er auf dem Tisch stehen.

Der Mann warf einen letzten Kontrollblick in die Runde, dann öffnete er die Tür zum Flur und schob den Karren wieder hinaus. Bedingt durch die Belastung hatten die Räder nun deutlich besseren Bodenkontakt und klapperten nicht mehr.

Er ging in das Büro zurück und knipste die Schreibtischlampe aus. Dann verließ er den Raum und zog die Tür hinter sich zu. Die Putzfrau würde sich am nächsten Tag zwar etwas über das nicht verschlossene Büro wundern, aber er war sich ziemlich sicher, dass sie dem keine große Bedeutung beimessen würde. In einigen Tagen würde sie es vergessen haben.

Langsam schob er den Karren zum Aufzug. Jetzt war das Gefährt zwar leise, dafür entwickelte es ein höchst eigensinniges Fahrverhalten. Stur versuchte es immer wieder gegen die Wand zu rollen, was er nur durch anstrengendes Gegenlenken verhindern konnte.

Das Gefährt mit seiner Last und er passten gerade so eben in die Kabine hinein. Im Erdgeschoss verließ der Mann den Lift und sah sich nach beiden Seiten des Flures um. Erwartungsgemäß war auch hier keine Menschenseele zu sehen.

Er schob den Karren zum südlichen Ausgang des Hauses, öffnete die Tür und trat in einen Vorhof hinaus. Milde Nachtluft umfächelte ihn und kühlte seine heiße Stirn. Eine düstere Lampe erhellte diesen Bereich nur dürftig. Ihm kam das Schummerlicht gerade recht. Vorsichtig schloss der Mann ein weiteres, schwereres Tor auf, das den Vorhof von der Straße trennte.

Von seiner Position konnte er ein Stück des Vorplatzes einsehen. Der Platz war menschenleer. Aus der Ferne vernahm er das Gelächter von Menschen. Da er nicht wusste, ob sie näherkommen würden, hastete er ins Haus zurück. Jetzt musste es schnell gehen. Er zog die Leiche vom Aktenkarren herunter und schleppte sie mit schleifenden Schuhen durch den Vorhof zum Tor. Nachdem er sich vergewissert hatte, dass draußen noch immer alles ruhig war, zerrte er den leblosen Körper hinaus und plazierte ihn an einer ihm geeignet erscheinenden Stelle. Der Mann hatte das Gefühl, dass bereits langsam die

Leichenstarre einsetzte. Er zog die Pistole aus dem Holster und legte sie neben die herunterhängende Hand der Leiche, so dass es aussah, als wäre sie dem Toten nach dem Schuss aus der Hand geglitten. Mit einem letzten kritischen Blick überzeugte er sich davon, dass die Szene die Illusion eines Selbstmordes vermittelte. Danach eilte er zu seinem Auto, das er in unmittelbarer Nähe geparkt hatte und verstaute dort den Plastiksack mit dem Kissen und dem Glas. Dann hastete er ins Haus zurück. Einen Moment später ließ er sich erschöpft in den Bürosessel seines Arbeitszimmers fallen. Während er sich noch an dem Hochgefühl seiner Tat berauschte, zog er die Gummihandschuhe von den Händen und steckte sie in seine Aktentasche. Er musste noch die Unterlagen für den nächsten Tag zusammensuchen.

Erich Rottmann stemmte seine 103 Kilogramm Lebendgewicht, bei immerhin 175 Zentimetern Körpergröße, etwas schwerfällig von der Sitzbank hoch und schnappte sich seine ausgebeulte, graugrüne Lodenjacke, die er neben sich auf die Bierbank gelegt hatte. Diese Jacke war für Rottmann kein Kleidungsstück im herkömmlichen Sinne. Sie war Ausdruck seiner Lebenseinstellung. Rottmann liebte es leger, locker, ausgebeult, dafür aber strapazierfähig in der Funktionalität. Er hasste die einschnürende Enge eines Gürtels und liebte die elastische Nachgiebigkeit von Hosenträgern. Seine Schuhe waren ausgetreten, aber bequem. Er besaß maximal zwei Paar, denen hielt er aber die Treue, bis sie irgendwann auseinanderfielen. Seine modische Präferenz, wenn man bei Rottmann überhaupt von einer solchen sprechen konnte, ging in Richtung kariertes Holzfällerhemd mit großen Brusttaschen, wobei er Erdfarben bevorzugte. Wohl eine Prägung aus seiner Jugend, die er bis zu seinem zweiundzwanzigsten Lebensjahr in Gramschatz auf dem elterlichen Bauernhof verbracht hatte. Später hatte ihn dann der Beruf nach Würzburg verschlagen, wo er seitdem wohnte.

„Meine Herren, es war sehr schön, aber ich mach mich jetzt vom Acker. Ich wünsch euch noch was. – Man sieht sich."

Seine Aussprache wirkte leicht verschwommen. Statt eines Handschlags klopfte er vernehmlich mit den Knöcheln auf die Tischplatte.

Alle Mitglieder des Weinstammtisches *Die Schoppenfetzer*, die zu dieser späten Stunde zwar körperlich komplett, aber geistig nur noch teilweise gegenwärtig waren, klopften einmütig zurück.

Die *Schoppenfetzer* waren eine lockere Interessengemeinschaft ehemaliger und aktiver Kriminalisten und Juristen, die alle eines gemeinsam hatten: die Liebe zum Frankenwein. Ihr Stammlokal war normalerweise der *Maulaffenbäck*, ein altes, traditionsreiches Weinlokal in der Würzburger Innenstadt. Nur zur Zeit des Weindorfes tagte der Stammtisch extern.

„Erich, was ist denn heute mit dir los", rief Dr. Horst Ritter, im Ruhestand befindlicher, ehemaliger Leitender Oberstaatsanwalt der Staatsanwaltschaft Würzburg, „Du schwächelst aber gewaltig! Oder musst du daheim noch deine Hühner füttern?"

Mehr oder weniger infantiles Kichern der Stammtischbrüder war die Reaktion auf diesen albernen Scherz. Jeder dieser honorigen Herren befand sich mehr oder weniger ausgeprägt in jenem Stadium schwebender Weinseligkeit, die auch die ernsthaftesten Männer in den Entwicklungsstand kleinkindlichen Humorverständnisses zurück führte.

Horst Ritter war verwitwet, lebte jedoch seit dem Ableben seiner Gattin seit mehreren Jahren in einem streng eheähnlichen Verhältnis mit seiner ehemaligen Chefsekretärin. Hinter vorgehaltener Hand munkelte man am Stammtisch, dass im gleichen Umfang, wie er früher dieser Dame ihre Aufgaben diktiert hatte, diese nun ihrerseits die Regeln der heimischen Politik bestimmte. Vermutlich mit ein Grund, weshalb Dr. Ritter zu den aktivsten Mitgliedern des Stammtisches zählte.

„Wahrscheinlich muss er noch abspülen", zischelte Ron Steiner, emeritierter Seniorpartner einer großen Anwaltskanzlei. Ron Steiner zischelte eigentlich immer. Ab dem vierten Schoppen machte sich allerdings der dürftige Sitz seiner dentalen Vollprothese immer besonders nachteilig bemerkbar und verstärkte diese Lautäußerung so, dass er jeder bissbereiten Kobra hätte Konkurrenz machen können. Seine Bemerkungen zielten auf den notorischen Junggesellenstatus von Erich Rottmann. Eine mehr oder weniger offen gezeigte Neidhammelreaktion der überwiegend in sehr geordneten Verhältnissen lebenden Stammtischbrüder.

Wieder kicherte die Runde, diesmal aber verhaltener.

„Meine Herren, für solche niedrigen Aufgaben gibt es Spülmaschinen", entgegnete Rottmann mit leichtem Zungenschlag. Dann kommandierte er überflüssigerweise: „Öchsle, bei Fuß!"

Er winkte abschließend, ohne bestimmten Adressaten, in die Runde und machte sich dann, leicht schwankend, auf den Weg zum Ausgang der Weinhütte, dicht gefolgt von Öchsle, seinem vierbeinigen Schatten. Einer kniehohen, rauhaarigen, schwarzgrauen Promenadenmischung mit Knickohren, die ihrem Herrn in treuer Ergebenheit auf Schritt und Tritt folgte.

Einer seiner letzten Fälle als Leiter der Würzburger Mordkommission hatte Rottmann vor zwei Jahren in das Würzburger Tierheim geführt. Ein kleiner Welpe, der seinerzeit mit dem Stigma ‚Vater unbekannt, Mutter verschollen' vor dem Heim in einer Pappschachtel ausgesetzt worden war, fiepte sich mit aller ihm zur Verfügung stehenden Treuherzigkeit in Rottmanns Herz. Wenig später war der Kriminalbeamte stolzer Hundebesitzer. Diese Adoption hatte Rottmann niemals bereut.

Der ehemalige Erste Kriminalhauptkommissar hatte ja keine Ahnung von Hundeerziehung. Das war aber auch nicht nötig. Öchsle erzog sich gewissermaßen selbst. Anders ausgedrückt, er las seinem Herrn alle Wünsche von den Augen ab und handelte danach. Seinen weingetränkten Namen hatte er der Neigung zu verdanken, hin und wieder einmal, wenn sein Herrchen guter Laune war, einige Tropfen Trockenbeerenauslese schlappern zu dürfen.

Die Weinhütte war um diese Uhrzeit fast leer. Kein Wunder, die offizielle Ausschankzeit des Weinfestes auf dem Marktplatz war schon lange überschritten. Nur noch die trink- und sitzfesten Stammtischbrüder und ein weiterer Gast, mit dem sich der Hüttenwirt und Pächter des *Maulaffenbäcks* an einem anderen Tisch angeregt unterhielt, saßen festgewachsen wie deutsche Eichen.

Rottmann grüßte auch zum Wirt hinüber, dann trat er in die Nacht hinaus. Er zog die verrutschte Breitcordhose, die sich etwas zu weit unter seine präsentable Leibesmitte zurückgezogen hatte, nachdrücklich nach oben. Rottmann war bekennender Bauchträger. Nachdem alles wieder seine Ordnung hatte, griff er in die Tasche seiner Lodenjoppe und holte seine bereits gestopfte Tabakspfeife hervor. Bis zu seiner Wohnung in der Rosengasse konnte er noch gemütlich eine paffen.

Nachdem die Pfeife brannte, stieß sich Rottmann wie ein Schwimmer vom Beckenrand von der Hüttenwand ab und nahm Fahrt in Richtung Langgasse auf. Öchsle schlug, einen Meter seitlich versetzt, die gleiche Route ein. Aus Erfahrung wusste der kluge Hund, dass sein Herrchen unter diesen besonderen Umständen eine breitere Auslage hatte und ein größerer Sicherheitsabstand im Interesse seiner Pfoten angebracht war.

Als Rottmann hundert Meter weiter an der öffentlichen Bedürfnisanstalt des unteren Marktes vorbeikam, verzog er angewidert das Gesicht. Die ammoniakgeschwängerte Gestankswolke, die um die Toilette waberte, war aber auch wirklich eine Zumutung und kollidierte massiv mit dem angenehmen Geschmack des Silvaners, den er zuletzt genossen hatte.

„Öchsle, ich sag's ja immer, der Mensch ist eine Wildsau. Da sitzen sie auf dem Weinfest herum, trinken die besten Tropfen, tun so, als würden sie was davon verstehen und dann …? Dann gehen sie hin und machen *das* daraus!"

Anklagend bohrte er das Mundstück seiner Pfeife in Richtung WC durch die Luft.

„Öchsle, mach's wie ich, halt ganz einfach die Luft an!"

Der Hund war die Selbstgespräche seines Herrn gewöhnt. Wie immer in solchen Fällen stellte er, so gut es ging, höflich seine Knickohren auf und tat interessiert.

Brummelnd marschierte Rottmann am Eingang des Ratskellers vorbei.

Das natürliche Bedürfnis, das nun auch Rottmann nur wenige Meter weiter überfiel, kam überraschend und war ärgerlicherweise schon nach wenigen Schritten nicht mehr zu ignorieren.

„Öchsle, du musst dir eines merken. Der Mensch ist eine Fehlentwicklung der Natur. Da hat er die besten Geschmacksnerven entwickelt, um die köstlichsten Weine genießen zu können. Und dann kann er den guten Rebensaft nicht länger bei sich behalten als du dein Wasser. Das ist traurig, aber wahr."

Rottmann beschleunigte. Alle philosophischen Gedanken waren nicht in der Lage, das penetrante physikalische Drängen seines Körpers zu unterdrücken. Zurück zur Kloake kam für ihn nicht in Frage. Er wusste neben dem *Grafeneckart*, in der Nähe des Südeingangs des Rathauses, ein vereinsamtes Bäumchen, das für ein bisschen hochqualitative Befeuchtung sicher dankbar war.

Er hatte gerade noch soviel Geistesgegenwart, dass er sich erst nach allen Seiten umsah, ehe er die fast dunkle Hofeinfahrt ansteuerte. Das Geplätscher des nahen Vierröhrenbrunnens steigerte sein Bedürfnis zur Qual, überdeckte aber gleichzeitig auch alle diesbezüglichen Eigengeräusche.

„Da gehen sie hin, Silvaner, Bacchus, Scheurebe", nuschelte er mit der Pfeife zwischen den Zähnen. „Öchsle, habe ich eigentlich schon einmal erwähnt, dass der Mensch eines der unvollkommensten Geschöpfe dieses Erdballs ist?"

Eine dicke Qualmwolke ausstoßend, schloss Rottmann geräuschvoll den Reißverschluss seiner Hose und drehte sich um. Da begann Öchsle zu knurren.

„Was ist denn los, Bürschle?", fragte Rottmann ins Dunkel. Der Hund war normalerweise absolut friedfertig und gab nur dann derartige Drohgeräusche von sich, wenn ihn wirklich irgend etwas sehr verunsicherte.

„Komm jetzt, lass es gut sein", brummelte Rottmann. Der lange Stammtischhock forderte langsam seinen körperlichen Tribut. Deutlich hörte Rottmann in der Ferne den Ruf seines Bettzipfels, dem er geneigt war, willig Folge zu leisten.

Aber Öchsle, sonst, wie gesagt, ein gehorsamer Hund, war diesmal nicht zu beruhigen. Im Gegenteil. Er steigerte sein Knurren, sowohl hinsichtlich der Lautstärke, als auch in Bezug auf den Grad der Bedrohlichkeit.

„Hey, du alter Spinner, jetzt komm schon mit", grantelte Rottmann und machte einige Schritte in Richtung Vierröhrenbrunnen. „Wenn uns hier eine Polizeistreife sieht, denken die noch, wir wollen dem Kämmerer die leere Stadtkasse klauen."

Aber auch dieses Argument vermochte Öchsle nicht zu überzeugen. Stattdessen löste sich ein aufgeregtes, hohes Bellen aus seiner Kehle und schallte von den dunklen Wänden des Rathauses wider.

Ärgerlich drehte sich der pensionierte Polizeibeamte um und tappte ins Dunkel zurück.

„Also, jetzt zeig mir mal, was dich um diese unchristliche Zeit so aus der Ruhe bringt. Wenn es nicht mindestens ein Pfund Leberkäs ist, bekommen wir beide Ärger miteinander."

Als der Hund merkte, dass sich sein Herr näherte, fiepte er aufgeregt, was Rottmann wiederum die Orientierung erleichterte.

Die Gestalt saß mit ausgestreckten Füßen auf der Stufe vor dem Ausstellungsraum, in dem tagsüber das Modell des ausgebombten Würzburgs zu besichtigen war. Nachdem sich Rottmanns Augen etwas an die Dunkelheit gewöhnt hatten, erkannte er, dass es sich um einen jüngeren Mann handelte. Er lehnte mit dem Rücken gegen die Tür und schien zu schlafen. Öchsle stand mit gesträubten Haaren vor seinen Füßen und knurrte.

„Junge", flüsterte Rottmann halblaut, um den einsamen Schläfer nicht zu stören, „lass den Mann doch in Frieden. Der hat wahrscheinlich ein paar Schoppen zu viel getrunken und es nicht mehr bis ins Bett geschafft. Was mir sicher nicht passieren wird. Lass ihn pennen! Es ist eine warme Nacht, und hier stört er niemanden."

Als sich Rottmann wieder abwenden wollte, begann Öchsle erneut zu bellen. Erbost, weil sein Herrchen heute anscheinend besonders begriffsstutzig war.

Langsam dämmerte Rottmann, dass hier etwas nicht ganz stimmen konnte. Bei dem Gebell musste doch der besoffenste Schläfer irgendwie eine Reaktion zeigen. Er drehte sich um, kramte sein Feuerzeug aus der Tasche und hielt die Flamme vor das Gesicht des Mannes.

„Kruzitürken!", entfuhr es ihm, als er die offenen starrenden Augen und die festgefrorene, verzerrte Miene des Sitzenden registrierte. Über die Wange des Mannes lief ein dünnes Rinnsal aus Blut und verschwand im Kragen seines Hemdes.

Der wohlige Nebelschleier um Rottmanns Gehirn bekam schlagartig einen Riss.

„Hey … Kumpel", rief er und legte dem Mann die Hand auf die Schulter. Diese Berührung genügte, um die Gestalt aus dem Gleichgewicht zu bringen. Im Zeitlupentempo neigte sie sich zur Seite, wurde dann schneller und schlug eine Sekunde später mit dem Kopf auf den Asphalt.

Öchsle sprang erschrocken ein Stück zurück und knurrte irritiert. Rottmann war so überrascht, dass er den Fall nicht verhindern konnte.

Dieser Vorgang genügte, um die Weinwolken um Rottmanns Verstand fast völlig zu vertreiben. Als Leiter des Morddezernats hatte er in seinem Berufsleben mehr Leichen gesehen, als ein Mensch ertragen konnte. Eines war für ihn jedenfalls klar: Der Mann hier war mausetot. Er leuchtete nochmals und hielt seine Finger an die Halsschlagader. Seine Vermutung wurde zur Gewissheit.

Etwas schwerfällig erhob sich Rottmann und zog sein Mobiltelefon aus der Jackentasche. Während er sich einwählte, lobte er seinen Hund.

„Bist ein braver Bursche, Öchsle. Hast du prima gemacht."

Der Hund wedelte freudig mit dem Schwanz.

Die Einsatzzentrale, die mit allen Landespolizeidienststellen im Bezirk verbinden konnte, meldete sich nach dem dritten Läuten.

Rottmann glaubte, die Stimme zu erkennen.

„Steinmann, bist du's?", fragte er. „Hier ist Rottmann … Erich Rottmann. Ich bräuchte hier mal die Kollegen von der Mordkommission. Wer hat Bereitschaftsdienst?"

Der Beamte am anderen Ende der Leitung stutzte einen

Augenblick, dann erwiderter er: „Ja, ich werd verrückt. Der Erich. Was will denn ein Ruheständler um diese Uhrzeit mit der Mordkommission? Hast du Albträume?“

Normalerweise waren derartige Gespräche in der Einsatzzentrale strikt verboten. Hier herrschte strenge Funkdisziplin. Deshalb ging Rottmann auch nicht weiter auf den burschikosen Ton des Beamten ein.

„Steinmann, pass auf: Männliche Leiche vor dem Südausgang des Rathauses, neben dem *Grafeneckart*. Gesichtsverletzung im Schläfenbereich. Mehr kann ich im Augenblick nicht sagen. Ich bleibe vor Ort, bis die Kollegen eintreffen. Hier noch meine Handynummer, falls du mich erreichen musst.“

Er diktierte seine Mobiltelefonnummer.

„Alles verstanden. Bereitschaft wird verständigt.“ Die Antwort des Polizisten war wieder nüchtern und sachlich.

Rottmann steckte das Handy in seine Tasche. Seine Pfeife war mittlerweile ausgegangen, und er zündete sie neu an. Im Schein der kleinen Gasflamme nahm er sich jetzt die Zeit, die Leiche etwas näher zu betrachten.

Als er das Loch in der Schläfe des Mannes sah, pfiff er leise durch die Zähne. Offensichtlich eine Schussverletzung. Jetzt sah er auch, dass der Schädel auf der Ausschussseite fast faustgroß weggerissen war. Dann entdeckte er neben dem Mann die Pistole. Es sah so aus, als wäre sie dem Toten nach dem Schuss aus den Händen geglitten.

Rottmann hatte keine Probleme, die Waffe zu identifizieren. Er selbst hatte jahrelang eine solche Pistole als Dienstwaffe getragen. Es handelte sich um eine HECKLER + KOCH, Kaliber 9 mm Parabellum, mit Griffsicherung. Die Waffe war im vorderen Griffbereich mittels eines federnden Einsatzstückes so konstruiert, dass sie sich, sobald sie der Schütze losließ, automatisch sicherte.

Rottmann studierte das starre Gesicht des Toten etwas genauer. Irgend etwas in den verzerrten Zügen sprach sein Erinnerungsvermögen an. Plötzlich klingelte es bei ihm. Er kannte den Mann! Das war ein Kollege! Wenige Monate vor seiner Pensionierung hatte Rottmann ihm noch eine dienstliche Beurteilung ausgestellt, als der Mann einige Zeit in seiner Abteilung zur Ausbildung verbrachte. Jetzt fiel ihm auch wieder der Name ein. Bei dem Toten handelte es sich um den damaligen Kommissaranwärter Tobias Klausen. Sicher hatte der junge Beamte zwischenzeitlich seine Ausbildung längst beendet und sich im aktiven Dienst befunden.

Rottmann kraulte sich betroffen mit der freien Hand seinen graumelierten Vollbart. Plötzlich zuckte er zusammen. Das Feuerzeug wurde so heiß, dass er es nicht länger halten konnte. Es fiel herunter und blieb neben dem Kopf des Toten liegen.

Langsam bückte er sich, um es wieder aufzuheben. Dabei stach ihm deutlich Weingeruch in die Nase. Der Tote hatte offenbar kurz vor seinem Ende Wein getrunken. Rottmann richtete sich wieder auf. So wie es auf den ersten Blick aussah, würde der Würzburger Polizeidirektor in den nächsten Stunden ein gehöriges Problem bekommen. Es hatte den Anschein, als habe sich der junge Beamte nach Alkoholgenuss mit der eigenen Dienstwaffe durch den Kopf geschossen.

Der Tod eines Polizisten war grundsätzlich immer ein gefundenes Fressen für die Presse. Der Selbstmord eines Beamten würde allerdings die gesamte Pressemeute aus dem Land auf den Plan rufen. In einer gesetzestreuen Bischofsstadt wie Würzburg konnte ein solcher Vorfall zu einem handfesten Skandal auswachsen.

Rottmann drehte sich langsam um und bewegte sich in Richtung Vierröhrenbrunnen. Seine weinselige Stimmung war wie weggeblasen. Was konnte einen jungen Beamten, der das Leben noch vor sich hatte, dazu bewegen, sich eine Kugel durch den Kopf zu jagen? Wenn es tatsächlich ein Selbstmord war! Rottmann war es gewöhnt, sich immer alle gedanklichen Optionen offen zu halten.

Öchsle stutzte einen Augenblick und sicherte rückwärts in Richtung Haus, dann folgte er etwas zögerlich seinem Herrn.

Nachdenklich paffend, lehnte sich Rottmann an den Brunnenrand und schaute die menschenleere Domstraße hinauf. Seine alten Instinkte, die er im Laufe eines langen Berufslebens entwickelt hatte, waren noch längst nicht erloschen. Er wurde das unbestimmte Gefühl nicht los, dass er hier auf etwas gestoßen war, was in den nächsten Wochen die Wellen in Würzburg hochschlagen lassen würde.

Die hochentwickelten Instinkte des Hundes signalisierten ihm unvermittelt ein unbestimmtes Gefühl der Gefahr. Öchsle witterte natürlich den Tod, aber das war es nicht allein. Irgend etwas Undefinierbares lag in der Luft. Aber selbst die feinen Sinne des Hundes waren nicht in der Lage, den Menschen zu bemerken, der mit glühenden Augen jede Bewegung von Herrn und Hund durch ein Fenster verfolgte, von dem aus er den Platz übersehen konnte.

Als sich Erich Rottmann am Brunnen in Warteposition begab, zog sich der heimliche Beobachter vorsichtig zurück. Es war zwar Pech, dass dieser Passant die Leiche so früh gefunden hatte, im Endeffekt war es aber gleichgültig. Er hatte gesehen, wie der Mann telefonierte. Es bedurfte keiner tiefschürfenden Überlegungen, um zu erraten, wen er angerufen hatte.

Für den Mann am Fenster wurde es Zeit zu verschwinden. Er verließ das Gebäude durch den Nordausgang. Als nur wenige Minuten später die gellenden Sirenen der heranrasenden Einsatzfahrzeuge die schlafenden Würzburger in ihren Betten hochschreckten, war der Mann mit seinem Auto schon weit entfernt. Die Sirenen drangen nur noch aus der Ferne an sein Ohr. Er biss sich auf die Lippen. Heute hatte er etwas getan, was er niemals für möglich gehalten hätte und was, wenn es herauskam, ihm Kopf und Kragen kosten würde.

„Na, Herr Kollege, der Kater kann offenbar das Mausen nicht lassen?“

Erster Kriminalhauptkommissar Sebastian Krämer, derzeitiger Leiter der Mordkommission der Polizeidirektion Würzburg und in dieser Eigenschaft Nachfolger von Erich Rottmann, schwang sich aus dem dienstlichen Zivilfahrzeug, auf dessen Dach das Blaulicht zuckende Lichtblitze gegen die Wände der umstehenden Häuser warf. Es war offensichtlich, auf diese rhetorische Bemerkung erwartete er keine Antwort. Wer Krämer kannte, wusste auch, dass sie keineswegs humorvoll gemeint war.

„Wo ist die Leiche?“

Während er sofort zur Sache kam, fuhren noch zwei weitere Einsatzfahrzeuge auf den Platz vor dem Vierröhrenbrunnen. Mehrere Beamte stiegen aus.

Erich Rottmann kannte die Inszenierung des Rituals, das nun ablaufen würde, zur Genüge.

„N' Abend Krämer“, gab er knapp zurück. Das Verhältnis zu seinem Nachfolger war nicht das beste. Noch während er im Amt war, hatte der aufstrebende Krämer versucht, an Rottmanns Stuhl zu sägen. Nicht mit offenem Visier und nicht mit fairen Mitteln. Anders ausgedrückt, für Rottmann war Krämer eine linke Bazille, der man nicht trauen durfte. Der Typ war das Idealbild eines Karrieristen. Aalglatt, immer geschniegelt und Ellbogen, für die er jederzeit einen Waffenschein bekommen hätte.

„Kommen Sie mit", forderte Rottmann seinen Nachfolger knapp auf. Dann drehte er sich um und marschierte zum *Grafeneckart* hinüber, ohne darauf zu achten, ob ihm der Beamte auch folgte.

Als sie die Leiche erreicht hatten und Krämer die Szene mit einer Taschenlampe beleuchtete, erklärte Rottmann:

„Ich kenne den Mann. Wenn ich mich nicht täusche, handelt es sich um Tobias Klausen, einen Kollegen. Ich habe ihn selbst noch ausgebildet."

Krämer reagierte nicht. Stück für Stück ließ er den Lichtstrahl über die Leiche streichen.

„Haben Sie was angefasst?", fragte er plötzlich.

„Nein, ... das heißt, ich habe ihn kurz angestoßen, weil ich ursprünglich dachte, es handele sich nur um einen einsamen Weindorfbesucher, der zu viel getrunken hat und hier nur seinen Rausch ausschlafen wollte. Dabei ist er in seine jetzige Lage umgekippt. Zuvor war er aufrecht gesessen, den Rücken gegen die Tür gelehnt. Seine Waffe liegt in unveränderter Position neben ihm."

Der Lichtstrahl folgte Rottmanns Zeigefinger. Dabei ließ Krämer ein missbilligendes Schnauben hören. Selbstverständlich hatte er Rottmanns Weinfahne schon längst bemerkt. Herablassend erklärte er: „Sie müssten es doch eigentlich am besten wissen, Herr Kollege, dass ein Leichenfundort unverändert zu bleiben hat, damit keine Spuren verwischt oder verfälscht werden. Ich vermute mal, dass Ihr Hund auch hier herumgestöbert hat."

Rottmann dachte „Arschloch", korrigierte sich aber gedanklich sofort wieder. Es wäre tatsächlich eine grobe Beleidigung für diese äußerst nützliche rückwärtige Körperaustrittsöffnung gewesen, wenn er Krämer mit ihr verglich.

Mittlerweile waren zwei weitere Beamte herangekommen.

Man begrüßte sich mit einem knappen Kopfnicken.

„Wir brauchen hier schnellstens Licht", forderte Krämer im Befehlston, „dazu den Fotografen, die Spurensicherung et cetera. Jemand muss außerdem die Gerichtsmedizin verständigen.

Deichler, Sie nehmen die Aussage des Zeugen Rottmann auf. Vergessen Sie nicht, reinzuschreiben, dass er die ursprüngliche Lage der Leiche verändert hat."

„Alles klar", gab der angesprochene Beamte zurück, zog dabei aber eine eindeutige Grimasse, die zeigte, was er von den Anweisungen seines neuen Chefs hielt. Krämer sah es nicht. Rottmann schon.

Kriminaloberkommissar Florian Deichler war bereits zu Rottmanns Zeiten lange Jahre im Morddezernat tätig gewesen. Mit seinem ehemaligen Chef verband ihn ein kameradschaftliches Verhältnis. Die Art und Weise, wie Krämer mit Rottmann umsprang, passte ihm absolut nicht.

Rottmann spürte die Verärgerung seines ehemaligen Mitarbeiters und legte ihm beruhigend die Hand auf die Schulter.

„Florian, ich werde morgen früh ins Kommissariat kommen und meine Aussage machen. Das dürfte ja wohl noch reichen. Jetzt bin ich erst mal müde und gehe nach Hause."

Sprach's, pfiff seinem Hund und marschierte davon.

Krämer warf ihm einen wütenden Blick hinterher, sagte aber nichts. Rottmann war in seinen Augen ein kriminalistischer Dinosaurier, den man schon viel früher in den Ruhestand hätte schicken müssen. Auf der anderen Seite, was sollte er sich noch mit dem Alten behängen? Für seine Karriere stellte er keine Gefahr mehr dar. Viel wichtiger war, dass sich hier offenbar ein Fall anzubahnen schien, der mit Sicherheit massiv die Aufmerksamkeit der Presse erregen würde. Eine der wenigen Möglichkeiten in dieser Stadt, sich bei seinen Vorgesetzten ins rechte Licht zu setzen.

Das Erwachen nach einem weingesegneten Abend zählte zu den weniger angenehmen Ereignissen im Leben eines Pensionisten. Öchsle gab sich alle Mühe, sein Herrchen beim Aufstehen zu unterstützen. Allerdings nicht ganz selbstlos. Durch lautes Bellen machte er Rottmann darauf aufmerksam, dass es an der Zeit war, ihm die Möglichkeit zu geben, an irgendeinem Baum das Bein zu heben.

Rottmann wälzte sich mit gebremstem Schwung aus den Federn und stellte sich auf die Beine. Er gähnte und streckte sich. Ein Blick durch das Fenster seiner Mansardenwohnung zeigte ihm, dass Würzburg wieder einmal ein wunderbarer Tag gegönnt war. Er grunzte dem fiependen Rüden ein „Ja, ja, jetzt drängle mich nicht so" zu, dann tappte er barfuß ins Bad.

Mit einer gewissen Ergebenheit betrachtete er das Gesicht, das ihm aus dem Spiegel entgegenstarrte.

„Ich kenne dich nicht, aber ich wasche dich trotzdem", brummelte er, während er sich Zahncreme auf die Zahnbürste strich. Dabei stellte er fest, dass der Spruch ‚*Morgenstund hat Gold im Mund*' nicht von einem Weinfestbesucher kreiert worden sein konnte. Realistischer wäre wohl in seinem Fall die Version ‚*Morgenstund hat Schleim im Mund*'."

Da der Hund bereits nervös an der Wohnungstür herumtrippelte, ließ er den Gedanken nach einer schnellen Tasse Kaffee zunächst einmal sausen. Ein paar Minuten später marschierte Rottmann mit Öchsle am Main entlang. Während der Vierbeiner mit Sorgfalt sämtliche Markierungspunkte seiner Stammstrecke durch Beinaufheben auffrischte, grübelte der Kommissar über den gestrigen Leichenfund nach. Der mögliche Selbstmord des jungen Kollegen ging ihm nicht aus dem Kopf. Neben dieser persönlichen Betroffenheit gab es aber noch etwas anderes, was ihn beschäftigte. Je mehr er darüber nachdachte, desto fester nistete sich bei ihm der Gedanke ein, dass irgend etwas an der Auffindesituation des Toten nicht ins Bild passte. Es ärgerte ihn, dass er im Moment nicht darauf kam.

Eine Viertelstunde später pfiff er Öchsle zu sich und steuerte die Treppe zur Löwenbrücke an. Es hatte keinen Sinn, sich jetzt in die Suche nach einem verlorenen Gedanken hineinzubohren, zumal sein Magen vernehmlich knurrte. Er würde sich erst einmal im *Café Haupeltshofer* ein ordentliches Frühstück genehmigen. Anschließend stand der Besuch im Mordkommissariat auf der Tagesordnung, um seine Aussage zu machen. Vielleicht konnte er dort schon etwas mehr erfahren. Früher oder später würde ihm auch wieder einfallen, was ihn am Fundort der Leiche gestört hatte.

Rottmann klopfte flüchtig an die Bürotür, wartete aber keine Antwort ab, sondern trat gleich ein. Es war durchaus kein unangenehmes Gefühl, als er wieder einmal in die vertraute Atmosphäre des Büros der Mordkommission eintauchte. Die bekannte Mischung aus Kaffeeduft und Zigarettenrauch kitzelte seine Geruchsnerven und weckte Erinnerungen.

Deichler saß mit hochgekrempelten Hemdsärmeln hinter seinem Schreibtisch und sah verwundert hoch. Normalerweise überquerte Publikum diese Schwelle nur zaghaft und nur nach vorheriger Aufforderung. Als er jedoch seinen ehemaligen Chef erkannte, hellte sich seine Miene schlagartig auf.

„Hallo Erich", rief er erfreut, erhob sich und kam mit ausgestreckter Hand auf Rottmann zu. „Du bist aber bald dran."

„Die Sache von heute Nacht hat mir keine Ruhe gelassen", gab Rottmann zurück. Öchsle verkrümelte sich unter den zweiten Schreibtisch, der im Augenblick unbesetzt war, und rollte sich zusammen. Offenbar war er der Ansicht, dass die Sache hier etwas länger dauern würde.

„Setz dich", bat Deichler und räumte schnell einen Stoß

Akten vom Besucherstuhl. „Ich schalte mal schnell meinen Computer ein, dann können wir die Formalitäten erledigen."

„Schon klar", gab Rottmann zurück und ließ sich auf den Stuhl fallen. Er kramte in seiner Lodenjacke herum und zog seine Pfeife heraus.

„Hast du was dagegen?" Er hob die abgenutzte *Bruyère* in die Höhe. Deichler schüttelte den Kopf und schob seinem ehemaligen Chef einen Aschenbecher hinüber. Er wusste, dass sich Rottmann am besten bei einer brennenden Pfeife konzentrieren konnte.

Während Rottmann schmatzend am zerbissenen Mundstück seiner Pfeife sog, um den groben Holländer in Brand zu bekommen, fragte er: „Sag mal, habt ihr schon Genaueres zu den Todesumständen herausgefunden? Irgendwie habe ich das Gefühl, dass etwas an diesem Selbstmord nicht ganz koscher ist. Hier im Haus muss deswegen doch die Hölle los sein."

Deichler sah kurz zur Tür, dann erklärte er mit gesenkter Stimme: „Du kannst dir gar nicht vorstellen, was hier abgeht. Krämer war schon oben beim Alten, jetzt ist er gerade bei der Staatsanwaltschaft.

Wir haben zwar noch keinen Befund von der Gerichtsmedizin bekommen. Aber soviel kann man aufgrund der vorhandenen Spuren schon jetzt mit Sicherheit sagen: Der Auffindeort ist nicht der Tatort."

Rottmann pfiff leise durch die Zähne und klatschte sich, sehr zur Verwunderung seines ehemaligen Mitarbeiters, mit der Hand gegen die Stirn.

„Jetzt fällt mir auch wieder ein, was mir gestern Abend am Fundort aufgefallen ist. In der Umgebung der Leiche gab es kein Wundmaterial. Bei dem Ausschussloch hätte man doch reichlich Gehirnmasse, Knochen und Blut in der näheren Umgebung der Leiche finden müssen."

„So ist es", stimmte Deichler ihm zu. „Sei froh, dass du den Job hinter dir hast. So wie es aussieht, ist das ein ganz verzwickter Fall, der uns nur Ärger bringen wird."

Rottmann hob fragend die Augenbrauen.

Deichler zögerte einen Moment, dann wurde seine Stimme noch leiser.

„Du hattest natürlich recht. Klausen war ein ehemaliger Kollege."

Rottmann zog die Augenbrauen in die Höhe.

„Ehemaliger?", dehnte er.

Deichler nickte.

„Kurz nach Ende seiner Ausbildung hat er den Polizeidienst quittiert. Soviel ich weiß, muss er ein tolles Angebot von einer Münchener Detektei erhalten haben. So steht es jedenfalls in seiner Personalakte, sagt Krämer. Wir haben bei der Leiche auch einen gültigen Detektivausweis gefunden."

„So etwas", staunte Rottmann, „der Junge war echt begabt und hätte es bei der Polizei weit bringen können."

Deichler zuckte mit den Schultern.

„Bei unseren Gehältern wundert mich das nicht."

„Was hatte er dann in Würzburg zu suchen?", wollte Rottmann wissen.

„Soweit sind wir noch nicht. Vielleicht hatte er Urlaub?"

„Urlaub?", wiederholte Rottmann. „Warum schleppt er dann eine Waffe mit sich herum?"

„Keine Ahnung", gab Deichler zurück, „wir sind ja erst am Beginn unserer Ermittlungen. Aber eine Bitte habe ich, Erich, tu mir den Gefallen und halte bloß deinen Mund. Wenn der Krämer erfährt, dass ich dir etwas über den Fall gesagt habe, kann ich wieder Streife gehen."

Rottmann winkte beruhigend ab.

„Mach dir keine Sorgen, ich werde diesem Kripo-Dressman

sicher nichts sagen. Ich wäre dir aber trotzdem dankbar, wenn du mich auf dem laufenden halten könntest."

Das sagte Deichler zu.

Die nächsten zwanzig Minuten verbrachte Erich Rottmann damit, dem Kripobeamten seine Zeugenaussage zu diktieren.

Als sie fertig waren, las Rottmann den Ausdruck in Ruhe durch und unterschrieb das Protokoll. Schließlich erhob er sich und gab Deichler die Hand. Öchsle stand schon schwanzwedelnd an der Tür.

„Florian, lass dich nicht unterkriegen", munterte er seinen ehemaligen Mitarbeiter auf. Leiser fügte er hinzu: „Es würde mich vor allen Dingen interessieren, ob es einen Abschiedsbrief gibt. So ein junger Bursche jagt sich doch keine Kugel durch den Kopf, ohne etwas zu hinterlassen."

Auf dem Weg nach draußen traf Rottmann zahlreiche Kollegen und musste regelrecht die Parade abnehmen. Fast jeder wollte ein paar Worte mit ihm wechseln. Rottmann war richtig erleichtert, als er endlich an der Pforte vorbei war.

Wenig später konnte man das ungleiche Gespann durch die Ringparkanlagen in Richtung Klein-Nizza marschieren sehen. Dem nahen Haupteingang des Justizgebäudes wich er geflissentlich aus, weil er wirklich keine Lust hatte, schon wieder auf zig Bekannte zu treffen.

Rottmann ließ sich auf einer Parkbank in der Nähe der Vogelvolieren nieder und zündete sich erneut seine Pfeife an. Während er die Enten auf dem kleinen See beobachtete, versank er in Gedanken.

Öchsle ließ sich im großen Schatten seines Menschen nieder und legte sich entspannt auf die Seite. Offenbar war auch er der Ansicht, dass es Zeit war, sich etwas zu sammeln.

Am Nachmittag verbreitete ein Würzburger Regionalsender die Meldung von einem mysteriösen Leichenfund vor den Toren des *Grafeneckarts*. Der Kommentator gab zwar keine Einzelheiten bekannt, versprach aber seinen Zuhörern, dass der Sender am Ball bleiben würde.

Am Abend hatte der Würzburger Fernsehsender die Meldung in seinen Regionalnachrichten. Auch er brachte keine Einzelheiten über den Fall.

Am nächsten Morgen hatten die Würzburger Bürger, die sich in erster Linie über die im gesamten Maingebiet verbreitete Zeitung informierten, die Nachricht als Schlagzeile auf der ersten Seite auf dem Frühstückstisch. Diese Informationen waren auch nicht ausführlicher als die der anderen Medien. Lediglich im Lokalteil gab es eine Reaktion des Pressesprechers der Oberbürgermeisterin. Im Namen des Stadtoberhauptes bedauerte er den tragischen Tod eines Mannes in der Nähe der Stadtverwaltung und sprach den Angehörigen sein Mitgefühl aus. Gleichzeitig betonte er aber, dass es selbstverständlich keinerlei Bezug des Toten zum Rathaus gebe. Leider könne die Oberbürgermeisterin den Suicid eines verzweifelten Bürgers nicht verhindern.

In dieser Stellungnahme wurde zum ersten Mal die Möglichkeit eines Selbstmordes erwähnt.

Der Mann im grauen Maßanzug faltete die Zeitung wieder zusammen und schob sie in die Schublade seines Schreibtisches. Er sah einen Augenblick gedankenverloren zum Fenster hinaus auf die Dächer der Stadt, allerdings ohne diese bewusst wahrzunehmen. Wie erwartet hatte der Leichenfund vor dem Rathaus die Presse massiv auf den Plan gerufen. Er hatte den Bericht in der Zeitung sorgfältig gelesen. Dieser enthielt keine Hinweise darauf, auch nicht zwischen den Zeilen, dass die Journalisten irgend etwas anderes vermuteten, als niedergeschrieben stand. Bis jetzt war es für alle ein tragischer Todesfall, dessen Ursache noch ungeklärt war. Allerdings war er sich sicher, dass das nicht so bleiben würde. Die Kripo würde sehr schnell herausfinden, dass der Tote nicht am Fundort gestorben war. Bei genaueren Untersuchungen würde man auch Fragen zur Todesart stellen.

Sobald es die Polizei wusste, würde es früher oder später auch die Presse erfahren. Er musste nur dafür sorgen, dass die Spur nicht zu IHR führte.

Als er an sie dachte, überkam ihn wieder dieses zwanghafte Gefühl, dem er immer weniger widerstehen konnte. Unwillkürlich glitt seine Hand hinunter zur untersten Schublade seines Schreibtisches. Er drehte den Schlüssel und zog die Lade heraus, in der er seine persönlichen Gegenstände aufbewahrte. Aus dem hintersten Winkel holte er eine zugezippte Plastiktüte, wie sie gewöhnlich für Gefriergut Verwendung fand.

Er lauschte kurz zur Tür. Es war Mittagszeit. Aus seinem Vorzimmer drang kein Geräusch zu ihm herüber. Seine Sekretärin war in die Pause gegangen.

Ganz vorsichtig, fast ehrfürchtig, zog er ein Stück Stoff aus der Tüte. Das feine Gewebe entpuppte sich als Damenseidenhemd. Mit verklärter Miene nahm der Mann den Stoff in beide Hände und drückte sein Gesicht hinein. Mit geschlossenen Augen inhalierte er den erregenden Geruch, der ihm anhaftete. Der dezente Duft von *Emotion* schwebte durch den Raum.

Einen langen Augenblick gab er sich seinen Gefühlen hin. Dann löste er sich wieder von seinem Tagtraum. Behutsam, fast liebevoll, faltete er den Fetisch wieder zusammen und schob ihn in die Tüte zurück. Er wusste, dass die ätherischen Düfte des Eau de Toilette bald aus der Seide verflogen sein würden.

Während er die Tüte wieder sorgfältig in die Schublade einschloss, kehrte Stück für Stück sein nüchternes Denkvermögen zurück. Er lehnte sich in seinen bequemen Sessel und betrachtete versonnen die goldenen Kringel, die das Sonnenlicht auf seine Schreibtischunterlage zauberte. Irgendwann in naher Zukunft kam die Stunde, in der er IHR klarmachen würde, dass er sie vor einem Skandal bewahrt hatte.

Seitdem sich Erich Rottmann im Ruhestand befand, hatte er es sich angewöhnt, regelmäßig ein zweites Frühstück einzunehmen. Kombiniert mit einem kräftigenden Glas Wein war dies nach seiner Lebensphilosophie die Gewähr für sein körperliches Wohlbefinden und half ihm über die schwere Zeit bis zum abendlichen Dämmerschoppen. Sagten nicht die Ernährungswissenschaftler, dass man, über den Tag verteilt, möglichst viele Mahlzeiten zu sich nehmen sollte?

Am zweiten Tag nach dem Leichenfund traf er zu diesem Zweck schon recht frühzeitig im *Maulaffenbäck* ein. Er hatte ziemlich unruhig geschlafen. Zu viele Gedanken waren ihm durch den Kopf gegangen. Rottmann hatte von Deichler noch keine weiteren Informationen darüber bekommen, weshalb Tobias Klausen zum Zeitpunkt seines Todes in Würzburg gewesen war.

Er sah sich im Lokal um. Wie erwartet, war noch keiner der Stammtischbrüder da, die üblicherweise dieses morgendliche Brotzeitritual mit ihm teilten.

Entsprechend seinen gewohnten Gepflogenheiten hatte er sich vom Metzger um die Ecke eine anständige Portion heißen Leberkäs und zwei Laugenbrezeln mitgebracht. Das, was Rottmann allerdings unter einer „anständigen Portion" verstand, sprengte selbst die Norm eines ausgesprochenen Leberkäs-Enthusiasten. Die Aufnahmekapazität des Tellers, der ihm gleich von Anni, der Bedienung im *Maulaffenbäck*, bei seinem

Eintritt unaufgefordert nebst Besteck hingestellt worden war, war gnadenlos überschritten. Der benötigte Senf musste sich mit einem diskriminierenden Randdasein begnügen. Zum Leberkäs bevorzugte Rottmann ein Achtel eines kräftigen, trockenen *Müller-Thurgaus.*

Da er am runden Tisch jede Menge Platz hatte, konnte er die Zeitung, die der Wirt für seine frühen Gäste bereithielt, richtig ausbreiten. Normalerweise schenkte Rottmann dem heißen Leberkäs und dem Wein die Aufmerksamkeit, die diesen wertvollen Nahrungsmitteln zustand. Heute lenkte ihn jedoch ein weiterer Artikel im Lokalteil der Zeitung über den Leichenfund vor dem *Grafeneckart* ab.

Während Rottmann las, holte sich Öchsle bei Anni ein paar Streicheleinheiten ab. Bei der Serviererin hatte er einen besonders dicken Stein im Brett. Anschließend verkroch er sich auf seinen Stammplatz unter der Bank, direkt unter Rottmanns Hintern. Erfahrungsgemäß fielen bei der Leberkäs-Schlemmerei immer ein paar Brocken für ihn ab. Es bedarf wohl nicht eigens der Erwähnung, dass Öchsle ebenfalls zur Fraktion der Leberkäs-Anhänger zählte.

Als Rottmann auf eine bestimmte Stelle des Textes stieß, stellte er plötzlich das Kauen ein. Das durfte es doch nicht geben! Er las die Stelle ein zweites Mal:

„... bei der Leiche handelt es sich, nach Informationen aus gewöhnlich gut unterrichteten Kreisen, um den ehemaligen Würzburger Polizeibeamten und jetzigen Münchener Privatdetektiv Tobias K. Der Tote wurde sinnigerweise von dem ehemaligen Leiter der Mordkommission, dem Ersten Kriminalhauptkommissar Erich Rottmann. gefunden. Rottmann, der in seiner aktiven Zeit wegen seiner beharrlichen und erfolgreichen Verfolgung von Verbrechern in unserer Stadt auch den Beinamen *Der Terrier* erhalten hatte, war, wie unsere Redaktion in Erfahrung gebracht hat, zu dieser späten Stunde von einem Besuch des Weindorfs auf dem Weg nach Hause. Dieselbe Quelle deutete die Möglichkeit eines Freitodes des Tobias K. an. Die Angelegenheit wirft viele Fragen auf, für die wir im Interesse unserer Leser Antworten suchen werden."

Rottmann hieb so heftig mit der Faust auf den Tisch, dass der Wein leicht überschwappte und Öchsle ein erschrockener Beller entfuhr.

„Das gibt es doch nicht!", schimpfte er. „Ich möchte wirklich mal wissen, welcher Idiot das diesen Pressefritzen schon wieder gesteckt hat!"

Zwei schweigsame Rentner, die ein paar Tische weiter ihren Frühschoppen einnahmen, warfen verwunderte Blicke herüber. Derartige Gefühlsausbrüche waren in diesem Tempel des Weingenusses nicht üblich. Nachdem sich der Störenfried aber offenbar schnell beruhigte, widmeten sie sich wieder wortlos dem edlen Tropfen im Glas. Das typisch tolerante Verhalten weltmännischer Unterfranken.

Anni hingegen kam sofort herbeigeeilt und warf ihrem Gast einen besorgten Blick zu.

„Stimmt was nicht?", fragte sie. „Hat der Wein Korkgeschmack?"

Das letzte Mal, als Rottmann am Stammtisch derart wütend geworden war, war es tatsächlich der Umstand gewesen, dass ein Bocksbeutel *Bacchus*, den er spendiert hatte, stark nach Korken schmeckte.

Rottmann sah sie etwas irritiert an.

„Wieso … was …? Ach so … nein, nein, ist schon gut. Ich habe mich nur über so einen hirnlosen Zeitungsartikel aufgeregt."

Rottmann war der Frühschoppen gründlich vermiest. Nachdem am Fundort keine Presse anwesend gewesen war, musste es irgendwo im Kommissariat ein Leck geben. Etwas, was es zu seinen Zeiten nicht gegeben hatte.

Rottmann tat etwas, was er seit Bestehen des Stammtisches noch nicht getan hatte. Er erhob sich, ließ die Reste seiner Brotzeit und den angetrunkenen Wein stehen und verließ mit einem undefinierbaren Brummen das Lokal.

Öchsle, der von diesem plötzlichen Aufbruch völlig überrascht worden war, hatte Mühe, seinem Herrn zu folgen.

Anni sah dem Kriminalbeamten völlig verstört hinterher. Dann eilte sie zum Stammtisch, nahm Rottmanns Weinglas in die Höhe und roch intensiv hinein. Für das ungewöhnliche Verhalten ihres Gastes konnte es ihrer Meinung nach, trotz dessen gegenteiliger Beteuerungen, nur eine Erklärung geben: Irgend etwas musste mit dem Wein nicht in Ordnung sein.

Rottmann pflügte sich erbost einen Weg durch die Menschen, die den *Unteren Marktplatz* bevölkerten. Was ihm hin und wieder unfreundliche Blicke einbrachte. Er nahm sich heute nicht einmal, wie sonst üblich, die Zeit, dem zwischenzeitlich aus dem Bürgermeisteramt gewählten politischen Vater der städtischen Treibhausarchitektur ein paar fromme Gedanken zu widmen.

Er konnte sich gut vorstellen, was jetzt in der Polizeidirektion aufgrund des Artikels abging. Krämer würde sicher vor Wut schäumen, weil der Artikelschreiber ihn überhaupt nicht erwähnt hatte. Rottmann war sich ziemlich sicher, dass Krämer ihn hinter der zitierten Quelle vermuten würde.

Als Rottmann im Gefolge seines Hundes seine Wohnung betrat, sah er auf den ersten Blick, dass sein Anrufbeantworter hektisch blinkte. Es waren zwei Nachrichten aufgesprochen.

Der erste Anrufer nannte keinen Namen, Rottmann erkannte Deichlers Stimme aber auch so: „Hallo Erich, ich wollte dir nur sagen, dass ich keine Ahnung habe, wie die

Information über deine Person an die Presse gelangt ist. Krämer kocht. Servus."

Wie Rottmann vermutet hatte.

Der zweite Anrufer war eine Frau. Die Stimme war Rottmann unbekannt, ließ ihn aber aufhorchen. Sie klang etwas zittrig und leise.

„Grüß Gott, Herr Rottmann." – Pause – „Hier spricht Frau Klausen." – Pause – „Ich … ich hätte Sie gerne wegen meines Sohnes gesprochen."

Die Stimme wurde leiser. Die Anruferin musste sich offenbar erst wieder fassen, dann fuhr sie fort:

„Bitte."

Dann legte sie ziemlich abrupt auf.

Rottmann fuhr sich mit der flachen Hand über seine graue Kurzhaarfrisur. Er erinnerte sich. Klausen hatte damals noch bei seiner Mutter gelebt. Ein Umstand, der unter den Kollegen zu Sticheleien geführt hatte.

Rottmann starrte den Anrufbeantworter an, als könne er dadurch die Nachricht ungeschehen machen. Das Gespräch mit Hinterbliebenen von Ermordeten hatte immer zu den schwierigsten Aufgaben seines Berufs gehört. Wenn möglich, hatte er diese Aufgabe aufgeschoben.

Er konnte sich nicht erklären, was die Frau von ihm wollte. Rottmann hatte sie nie persönlich kennengelernt. Trotz seiner Abneigung gegenüber solchen Gesprächen sagte ihm ein Gefühl, dass er die Frau treffen sollte.

Öchsle machte durch Fiepen auf seine Fressenszeit aufmerksam. Rottmann riss sich aus seinen Gedanken und ging in die Speisekammer, um das Futter zu holen.

Jetzt erst fiel ihm auf, dass die Frau keine Telefonnummer hinterlassen hatte. Vermutlich eine Folge ihrer Aufregung. In einer ersten Anwandlung wollte er Deichler anrufen, weil die

Nummer mit Sicherheit in den Akten war. Dann bremste er sich aber und holte das Telefonbuch. Er wollte Deichler bei Krämer nicht in Schwierigkeiten bringen, indem er ihn zu häufig anrief.

Wenig später hatte er die Nummer. Bevor er wählte, sammelte er sich einen Moment. Er wusste ja nicht, was auf ihn zukam und wollte sich wappnen. Einen kurzen Augenblick spielte er wieder mit dem Gedanken, den Anruf einfach zu ignorieren. Schließlich war er im Ruhestand, und die Sache ging ihn eigentlich nichts mehr an. Dann gab er sich aber einen Ruck und tippte die Zahlen ein. Es gab so etwas wie eine moralische Verpflichtung einem toten Kollegen gegenüber. Ein wenig war er auch neugierig, warum die Frau ausgerechnet ihn angerufen hatte und nicht im Kommissariat.

Es dauerte einige Zeit, ehe am anderen Ende abgehoben wurde.

„Klausen." Die Stimme war auch jetzt sehr leise.

Rottmann räusperte sich, dann nannte er seinen Namen.

„Frau Klausen, ich darf Ihnen mein Mitgefühl aussprechen …", fuhr er dann fort, „… es tut mir wirklich sehr leid …"

Frau Klausen unterbrach ihn.

„Danke, Herr Kommissar", erwiderte sie immer noch leise, aber gefasst. „Sie haben meinen Sohn doch gekannt … ich meine, er hat Ihren Namen seinerzeit, als er noch in Würzburg in Ausbildung war, mir gegenüber erwähnt. Wissen Sie, ich kann mir einfach nicht vorstellen …" Sie ließ den Satz unvollendet. „In der Zeitung steht, dass Sie meinen Sohn gefunden haben. Ich sehe es als einen Wink des Schicksals an, dass ihn der Mann gefunden hat, über den sich mein Sohn so positiv äußerte." – Pause – „Wäre es Ihnen möglich … ich meine, ich wäre Ihnen sehr dankbar, wenn wir uns treffen könnten."

Rottmann war klar, dass er der Frau diese Bitte jetzt nicht abschlagen konnte, obwohl ihm davor graute. Normalerweise hatte ein Polizeiprofi für derartige Gespräche zum Eigenschutz einen emotionalen Schutzwall errichtet. Das hieß, er hatte gelernt, mit dem Schmerz der Angehörigen von Gewaltopfern professionell umzugehen. Sicher nicht herzlos, aber weitgehend distanziert, damit die objektive Urteilskraft nicht verlorenging. Da man die Opfer gewöhnlich nicht persönlich kannte, war dies auch machbar. Klausen war aber ein Kollege gewesen. Da funktionierte das nur bedingt. Laut sagte er:

„Natürlich. Wann immer Sie wollen."

Die Frau merkte ihm offenbar seine Unsicherheit nicht an.

„Wäre Ihnen der Hofgarten recht?"

Es war offensichtlich, dass sie mit seiner Zusage gerechnet und sich für diesen Fall bereits Gedanken über einen Treffpunkt gemacht hatte.

„Dort findet man immer ein ruhiges Plätzchen zum Reden. Würde es Ihnen in einer Stunde passen? Auf dem Residenzplatz, vor dem Frankonia-Brunnen?"

Rottmann wunderte sich schon etwas, dass es die Frau so eilig hatte. Ihr Sohn lag noch in der Rechtsmedizin. Es konnte noch einige Tage dauern, bis der Staatsanwalt die Leiche zur Bestattung freigeben würde. Was konnte so wichtig sein, dass sie es noch vor der Beisetzung besprechen wollte?

Erich Rottmann hätte für das Gespräch eigentlich einen belebteren Platz als den Hofgarten vorgezogen, weil sich Menschen in der Regel in der Öffentlichkeit besser unter Kontrolle hielten, widersprach ihr aber nicht. Er war sich zwischenzeitlich ziemlich sicher, dass die Frau mehr trieb, als der bloße Wunsch nach Trost.

Rottmann war pünktlich am Treffpunkt. Öchsle zeigte keine Begeisterung, als sein Mensch schon nach so kurzem Aufenthalt wieder die Wohnung verließ, trottete aber ergeben hinterher.

Rings um den Frankonia-Brunnen, an der Treppe zur Hofkapelle und am Eingang zur Residenz wimmelte es nur so vor Touristen. Bei dem sommerlichen Wetter kein Wunder.

Frau Klausen fiel ihm nicht auf, bis sie direkt vor ihm stand und ihn ansprach. Unwillkürlich huschte sein Blick über ihre äußere Erscheinung. Sein Kriminalistengehirn registrierte: eindeutige Ähnlichkeit mit ihrem Sohn, Anfang fünfzig, brünett, dunkelbraune Augen, denen man ansah, dass sie geweint hatten. Blasser Teint, ungeschminkt. Insgesamt eine gepflegte, sympathische Erscheinung. Sie trug einen gedeckten Hosenanzug, aber keine Trauerkleidung im engeren Sinne.

„Sie sind Hauptkommissar Rottmann?"

Auch jetzt war ihre Stimme leise, übertönte aber trotzdem die umgebende Geräuschkulisse. Sie streckte ihm ihre Hand entgegen. Ihre Hand war weich, ihr Händedruck trocken und fest.

„Den Kommissar können Sie ruhig weglassen", erwiderte Rottmann, „das war einmal. Ich befinde mich schon seit einiger Zeit im Ruhestand."

„Ich habe es damals in der Zeitung gelesen", erwiderte sie. „Ich kann mir aber vorstellen, dass man diesen Beruf nicht so einfach ablegen kann wie einen Kittel."

Rottmann zuckte leicht mit den Schultern.

Ihr Blick streifte eine fotografierende Gruppe Japaner.

„Haben Sie soviel Zeit, dass wir uns hineinsetzen können?"

Sie wies in Richtung Hofgarten.

„Natürlich", entgegnete Rottmann und schritt neben ihr die Stufen des Brunnens hinunter.

Es war wie ein stilles Einverständnis zwischen ihnen, dass sie schwiegen, bis sie eine etwas abgelegene Parkbank an einem ruhigeren Nebenweg im Schatten einer ausladenden Platane gefunden hatten. Sie setzten sich.

Öchsle zeigte das ihm eigene Feingespür. Gewöhnlich war er fremden Menschen gegenüber eher zurückhaltend. Nicht unfreundlich, eher gleichgültig. Jetzt allerdings stellte er sich vor Frau Klausen, legte ihr seinen Kopf aufs Knie und sah sie mit seinen dunklen Augen aufmerksam an. Instinktiv spürte er ihre Trauer.

Als Rottmann ihn zurechtweisen wollte, hielt Frau Klausen den Ex-Kommissar zurück.

„Lassen Sie ihn nur. Ich mag Hunde."

Sie streichelte Öchsle vorsichtig über den Kopf, was sich der Hund mit halb geschlossenen Augen gefallen ließ.

Unvermutet wandte sich Frau Klausen zur Seite und sah ihrem Gegenüber direkt in die Augen.

„Ich möchte Ihnen wirklich sehr danken, dass Sie sich die Zeit genommen haben und hierher gekommen sind, um mit mir über meinen Sohn zu sprechen. Bitte denken Sie nicht, dass ich Ihnen hier die Ohren volljammern will. Meine Trauer muss ich mit mir selbst ausmachen. Mein Sohn hatte bewusst diesen Beruf gewählt, der ein gewisses Gefahrenpotential für ihn mit sich brachte. Dessen war auch ich mir bewusst und musste damit leben."

Sie machte eine kurze Pause, um sich zu sammeln.

„Was mich aber ganz schrecklich trifft, ist die Behauptung in der Presse, dass mein Sohn Selbstmord begangen haben soll."

Sie hielt erneut inne, um ihrer aufkommenden Erregung Herr zu werden.

Rottmann schwieg. Erfahrungsgemäß war es besser, Menschen in schwierigen Situationen erst einmal ausreden zu lassen. Als sie sich wieder etwas gefangen hatte, fuhr sie fort:

„Tobias war, wie Sie sicher auch bemerkt haben, ein positiv denkender Mensch. Erst vor einigen Tagen hatte er mir gesagt, dass er mit seiner derzeitigen Aufgabe sehr zufrieden sei, weil sie von der üblichen Routine abweiche. Er hat nicht gesagt, welche Aufgabe das war, aber ich kenne meinen Sohn genau, er hat das auch so gemeint."

Rottmann wusste nicht, was er entgegnen sollte. Aber sie erwartete offensichtlich auch keine Antwort.

„Wissen Sie, mein Junge war ein selbständiger Mann, der zwar lange Zeit bei mir wohnte, aber sicher kein Muttersöhnchen war. Als er damals die Polizei verließ und bei dieser Detektei *Ramsteiner* in München eintrat, habe ich mich ziemlich aufgeregt. Ich weiß bis heute nicht genau, was ihn dazu getrieben hat, diesen sicheren Beruf aufzugeben. Vielleicht das Geld? Ich kann es nicht sagen. Seit er in München lebte, hatte sich unsere Verbindung etwas gelockert. Ich habe oft wochenlang nichts von ihm gehört. Er erklärte mir dann, dass er Aufträge im Ausland zu erledigen hatte. Ich wurde das Gefühl nicht los, dass es sich dabei um ziemlich gefährliche Aufgaben handelte.

Vor drei Wochen stand er dann plötzlich wieder vor der Tür. Er sagte, er habe einen Fall in Würzburg zugewiesen bekommen und wollte so lange bei mir wohnen. Natürlich habe ich mich über seinen Besuch gefreut. Viel hatte ich allerdings auch jetzt nicht von ihm. Er kam und ging zu den unmöglichsten Zeiten."

Sie atmete tief durch. Rottmann vermutete, dass sie nun langsam auf den Punkt kommen würde.

„Tobias war sehr ernst und verschlossen geworden. Aber eins ist sicher: Mein Junge wäre niemals freiwillig aus dem Leben geschieden, ohne mir in irgendeiner Form eine Nachricht zu hinterlassen!"

Erich Rottmann hätte der Frau jetzt viel darüber erzählen können, dass sich Menschen in persönlichen Ausnahmesituationen in den seltensten Fällen so verhielten, wie man es von ihnen erwartete. Gerade die engsten Angehörigen von Selbstmördern hatten oftmals nicht die geringste Ahnung, wie es hinter den Fassaden ihrer Lieben aussah.

Ehe er aber etwas sagen konnte, wurde sie direkt: „Herr Rottmann, Sie haben meinen Sohn gefunden. Sie sind doch ein erfahrener Kriminalbeamter. Gibt es Ihrer Meinung nach wirklich keinen Zweifel an einem Selbstmord?"

Rottmann sah in ihren Augen die Hoffnung und wusste, dass sie jedes seiner Worte auf die Goldwaage legen würde.

„Frau Klausen, ich weiß, dass solche Gespräche sehr belastend sind. Wäre es nicht besser, wenn Sie etwas Zeit verstreichen lassen würden, bevor Sie sich derart intensiv mit den nüchternen Fakten des Todes Ihres Sohnes auseinandersetzen?"

„Herr Rottmann, es gibt nichts Schlimmeres als diese schreckliche Ungewissheit. Sprechen Sie bitte ganz offen."

Rottmann sammelte sich.

„Ich will offen zu Ihnen sein. Wissen Sie, als ich Ihren Sohn fand, tippte ich im ersten Augenblick auch auf einen Selbstmord. Ihr Sohn roch stark nach Wein, die abgeschossene Pistole lag neben ihm. Eigentlich die klassische Auffindesituation eines Selbstmörders. Herabsetzung der Hemmschwelle mit Alkohol und dann … Sie verstehen?"

Frau Klausen nickte, ließ Rottmann aber nicht aus den Augen. Ihre Züge waren plötzlich von starker Anspannung geprägt. Sie wollte etwas sagen, ließ ihn aber dann ausreden.

„Mit aller Vorsicht kann ich sagen – und die Kollegen, mit denen ich gesprochen habe, teilen meine Meinung –, dass zumindest der Platz, an dem ich Ihren Sohn gefunden habe, nicht der Ort ist, an dem der Schuss in den Kopf erfolgte. Die Spurenlage ist da eindeutig."

Während er sprach, hatten sich die Augen der Frau mit Tränen gefüllt. Sie weinte aber nicht wirklich. Während er sprach, musste er zu seiner Verwunderung feststellen, dass der Hauch eines Lächelns über ihr Gesicht huschte.

„Wissen Sie, dass Sie mir soeben einen schweren Stein von der Seele genommen haben?"

Rottmann verstand nicht.

„Wie …"

Sie atmete tief durch.

„Sie haben mir mit Ihren Worten die Gewissheit gegeben, dass mein Sohn garantiert nicht Selbstmord begangen hat."

Rottmann hatte die Erfahrung gemacht, dass man in bestimmten Situationen nur mit Geduld weiter kam. Deshalb schwieg er und sah sie nur fragend an.

„Sie sagten, dass Tobias nach Wein gerochen hat. Das kann aber nicht sein. Der Junge hatte seit seiner Pubertät eine sehr starke Allergie auf alle Lebensmittel oder Getränke, in denen Bestandteile von Trauben verarbeitet waren. Traubensaft, Rosinen im Kuchen und ganz besonders Wein. Er hätte niemals auch nur einen Tropfen Wein zu sich genommen, denn das hätte sein Tod sein können!"

Rottmann hob überrascht die Augenbrauen. Das war natürlich eine Information, die dem gesamten Fall eine völlig neue Perspektive gab.

„Sie meinen … wirklich keinen Tropfen Rebensaft …?"

Es war deutlich erkennbar, dass Rottmann erhebliche Mühe hatte, sich eine solche Krankheit vorzustellen.

„Definitiv keinen Tropfen", bestätigte die Frau. Sie richtete sich auf, durch ihren schlanken Körper schien plötzlich neue Energie zu strömen.

„Lieber Herr Rottmann, Sie können sich gar nicht vorstellen, welche Erleichterung Sie mir, bei aller Trauer, die ich nach wie vor empfinde, verschafft haben. Ich bin mir nun völlig sicher, dass andere gewaltsame Umstände zum Tode meines Sohnes geführt haben müssen. Aber mit Sicherheit kein Selbstmord!"

Rottmann schluckte hart, dann brachte er es auf den Punkt.

„Frau Klausen, Sie wissen, was Sie da sagen? Das bedeutet, dass Ihr Sohn womöglich ermordet wurde!"

„Ja, ich weiß. Und ich möchte Sie deshalb auch herzlich bitten, dafür Sorge zu tragen, dass dieser Mord aufgedeckt wird und die Verantwortlichen zur Rechenschaft gezogen werden. Sie sind ein erfahrener Polizist, und ich vertraue Ihnen."

Sie sah ihn fragend an.

Rottmann griff sich an die Nasenspitze. Nach dem Verlauf, den das Gespräch genommen hatte, kam die Bitte der Frau für ihn nicht unerwartet.

Seinerzeit, als er in den Ruhestand getreten war, hatte er sich vorgenommen, zukünftig von der Kriminalistik die Finger zu lassen. Lange genug hatte er in die Abgründe der menschlichen Gesellschaft blicken müssen. Er war sich sicher gewesen, für den Rest seines Lebens von Mord und Totschlag die Nase gestrichen vollzuhaben. Aber schon nach einigen Monaten hatte er gemerkt: Das Ergebnis der Einhaltung dieses Vorsatzes war Langeweile. Gewiss, der Stammtisch brachte Abwechslung und Unterhaltung. Aber die Stammtischbrüder, auch das hatte er schon lange registriert, lebten überwiegend in der Vergangenheit, weil dort ihr Leben noch pulsierte. Und, was am schlimmsten war, er spürte, ihm ging es genauso.

Während des Gesprächs mit Frau Klausen verspürte er plötzlich wieder dieses Kribbeln, das sich früher immer dann eingestellt hatte, wenn er einer heißen Sache auf der Spur war. Ein Kribbeln, das er in der letzten Zeit sehr vermisst hatte.

Gedankenverloren beobachtete er eine Amsel, die auf dem Rasen nach Nahrung suchte.

Die Frau neben ihm ließ ihm Zeit. Sie spürte seine innere Auseinandersetzung und drängte ihn nicht.

Schließlich sah er sie an und nickte langsam.

„Gut, Sie haben mich überredet. Ich bin zwar wahrscheinlich etwas eingerostet, was solche Jobs betrifft, aber ich werde sehen, was ich erreichen kann. Es existieren offenbar einige Ungereimtheiten. Ich tue es aber nicht zuletzt auch für einen tüchtigen jungen Kollegen, der seinen beruflichen Weg erfolgreich gegangen wäre.

Versprechen Sie sich aber bitte nicht zu viel. Womöglich erfahre ich gar nichts. Oder, auch das kann sein, ich erfahre Dinge, die nicht ganz in das Bild passen, das Sie sich von Ihrem Sohn gemacht haben. – Wollen Sie dieses Risiko eingehen?"

Sie nickte entschlossen.

Rottmann erhob sich. Jetzt, nachdem er sich entschieden hatte, drängte es ihn, aktiv zu werden.

„Es kann sein, dass ich Sie später noch mit weiteren Fragen quälen muss."

„Jederzeit. Und ... nochmals vielen Dank, Herr Rottmann!"

Frau Klausen gab ihm die Hand, dann eilte sie davon.

Nachdenklich sah er ihr hinterher. Diese Frau forderte ihm Respekt ab. Auch ein Grund, weswegen er ihr helfen wollte. Er drehte sich ab und verließ, Öchsle im Gefolge, den Hofgarten. Langsam schlenderte er über den Residenzplatz. Die Touristen nahm er gar nicht mehr wahr. Sein Verstand plante bereits die ersten Schritte.

Er hatte es selbst noch nicht richtig realisiert, aber der alte *Terrier* hatte wieder eine Fährte aufgenommen.

Das Institut für Rechtsmedizin der Universität Würzburg lag am östlichen Rand des Geländes der Würzburger Universitätskliniken im Stadtteil Grombühl. Der unscheinbare Bau direkt an der Versbacher Straße ließ nicht vermuten, was sich hinter seinen Mauern verbarg.

Erich Rottmann war seit seiner Pensionierung ein überzeugter Benutzer öffentlicher Verkehrsmittel. In seiner Garage stand zwar ein alter VW-Käfer, mittlerweile ein echtes Kultauto, das er hegte und pflegte, aber kaum noch zum Fahren herausholte.

Das Gespräch mit der Mutter des Toten hatte bei Rottmann einen tiefen Eindruck hinterlassen. Die Konsequenz aus seiner Zusage war ihm klar. Zunächst musste er sich einige grundsätzliche Informationen verschaffen, die für seine weiteren Ermittlungen erforderlich waren. Die naheliegendste Quelle für einige dieser speziellen Fragen war das Institut für Rechtsmedizin.

Eine Stunde später saß er in der Straßenbahnlinie 1 und fuhr nach Grombühl. Öchsle mochte diese rumpelnden und quietschenden Schienenfahrzeuge zwar nicht sonderlich, ertrug die Fahrt aber mit stoischer Gelassenheit.

Während die Häuserreihen am Fenster vorüberglitten, saß Rottmann auf seinem Sitz und kaute nachdenklich auf der Unterlippe.

Von zahllosen dienstlich veranlassten Besuchen der Rechtsmedizin wusste der ehemalige Kripobeamte nur zu genau, wie er das einstöckige, von außen eher unscheinbar wirkende Gebäude am günstigsten erreichen konnte. Als er das Gelände des Luitpoldkrankenhauses durch den Westeingang betrat, warf ihm der Pförtner einen schiefen Blick zu.

„Sie wissen aber schon, dass Sie keinen Hund mit in die Gebäude nehmen dürfen", kam die Stimme des Türgewaltigen gequetscht aus dem Lautsprecher, als Rottmann, mit Öchsle im Schlepptau, an der Glasscheibe der Pförtnerloge vorüberging.

„Keine Sorge", antwortete der Ex-Kripomann und grinste freundlich. „Ich bin nur auf dem Durchmarsch zu den Leichenschnippslern."

Der Mann winkte verstehend. Schon an der Formulierung des Besuchers erkannte er, dass er es mit einem Insider zu tun hatte. Verstohlen sah er dem merkwürdigen Gespann hinterher. Vermutlich ein schrulliger Pathologe, den er noch nicht kannte. Er war sowieso schon lange der Meinung, dass die Menschen, die leblos auf den Bahren in die Pathologie und Rechtsmedizin hineingefahren wurden, die normaleren waren. Dieser komische Typ mit dem Hund war wieder ein Beweis für seine These.

Als Rottmann wenig später das Gebäude betrat, schlug ihm sofort der bekannte und zugleich verhasste Geruch, bestehend aus einer Mischung von Desinfektionsmitteln und Formalin, entgegen. Letzteres, eine intensiv riechende, die Nasenschleimhäute reizende Flüssigkeit, in der präparierte Leichenteile für spätere Untersuchungen konserviert wurden. Wer diesen Geruch einmal eingeatmet hatte, vergaß ihn nie wieder.

„Ja, der Herr Rottmann", rief Frau Schinkinger, die Empfangsdame und kam hinter ihrem Schreibtisch hervor. „Was führt Sie denn zu uns?"

„Grüß Gott, Frau Schinkinger", grüßte Rottmann zurück. Eleonore Schinkinger war schon seit vielen Jahren die gute Seele im Verwaltungsbereich des Instituts. Selbstverständlich durfte nicht jeder so mir nichts, dir nichts den inneren Bereich des Instituts betreten. An ihr kam nur vorüber, wer auch wirklich einen Grund hatte, hier zu sein.

„Wie das halt so ist. Man kann's nicht lassen", grinste Rottmann. „Sagen Sie mal, hat der Meyer heute Dienst?"

Gottfried Meyer war Präparator und damit die rechte Hand des jeweils obduzierenden Arztes. Eine Aufgabe, die das Gemüt eines Fleischerhundes voraussetzte, wie Rottmann immer zu sagen pflegte.

„Ja, der ist da", erwiderte Frau Schinkinger. „Sie können rein, wenn Sie wollen. Sie kennen ja den Weg. Er ist im Sektionssaal 1. Er bereitet gerade die nächste Leichenöffnung vor."

„Kann ich ...?" Rottmann deutete auf Öchsle.

„Klar, lassen Sie den süßen Burschen ruhig hier, wir werden uns schon vertragen."

Sie beugte sich herunter und streichelte den Hund hinter den Ohren, was sich Öchsle nur zu gerne gefallen ließ.

Mittels eines elektrischen Türöffners gab sie für Rottmann eine weitere Tür frei, die, wie er wusste, zu den Sektionssälen führte. Die Formalinwolke, die Rottmann jetzt verstärkt entgegenschlug, nahm ihm fast den Atem. Gegen diesen Geruch gab es nur ein bewährtes Mittel. Er blieb stehen und holte seine vorgestopfte Pfeife aus der Tasche. Sekunden später mischte sich der würzige Tabak mit dem chemischen Gestank und neutralisierte ihn etwas. Zumindest in seiner nächsten Umgebung trat dadurch eine gewisse geruchliche Entlastung ein.

Die Tür zum Sektionssaal 1 stand offen. Rottmann klopfte kurz an, dann trat er ein. Die nüchterne, sterile, von Fliesen und Edelstahl geprägte Atmosphäre des Raumes verlieh ihm etwas vom Charme eines Schlachthauses. Jedenfalls empfand es Rottmann so. Auf der anderen Seite trug diese wissenschaftliche Nüchternheit auch dazu bei, die Begegnung mit dem hier in all seinen erschreckenden Spielarten auftretenden Tod leichter zu ertragen.

Gottfried Meyer hatte diese Probleme schon lange nicht mehr. Gerade stand er am Kühlschrank, in dem zahlreiche in Formalin asservierte Leichenproben in Gläsern aufbewahrt wurden, und griff sich seine Brotzeitdose heraus.

„Ich werd verrückt, der Erich", rief er erfreut, legte die Plastikdose auf den Sektionstisch und schüttelte Rottmann die Hand.

Obwohl Rottmann wusste, dass die Hände des Mannes bei der Arbeit immer in dicken Gummihandschuhen steckten, bedurfte es jedes Mal einer gewissen Überwindung, ihm die Hand zu geben.

„Was treibt dich denn zu uns? Suchst du einen Nebenjob? Ich könnte etwas Entlastung gut gebrauchen."

Er lachte schallend, öffnete die Dose und nahm sich eine Schnitte heraus.

„Magst du auch einen Happen? Kalbsleberwurst mit Senf. Meine Rita hat es heute wieder besonders gut mit mir gemeint."

Rottmann bedankte sich. Er bemühte sich dabei aber, nicht zu schnell abzulehnen, damit er den Mann nicht beleidigte. Schließlich wollte er etwas von ihm.

Er hatte in seinem Beruf die Erfahrung gemacht, dass es sich immer auszahlte, sich mit nachgeordneten Mitarbeitern gutzustellen. Diese Menschen hatten meist den größeren Durchblick und die besseren Detailkenntnisse in die Dinge als ihre Vorgesetzten – und, was in diesem Zusammenhang der wichtigste Punkt war, sie waren in der Regel erfreulich mitteilsam.

„Was führt dich denn in meine kühlen Hallen", nuschelte Meyer, weil er sich mittlerweile intensiver mit der Kalbsleberwurst beschäftigte.

„Ihr habt doch den Fall Klausen hier."

„Du meinst den ehemaligen Polizisten, der sich ein Loch in den Kopf geschossen hat."

Rottmann nickte.

„Der ist erst in zwei Stunden dran", erklärte Meyer immer noch mit vollem Mund, „wir haben zur Zeit ziemlichen Andrang."

Er schluckte den letzten Bissen hinunter, dann fuhr er fort: „Schade um den jungen Burschen. Ich habe ihn mir vorhin mal angesehen, als ich ihn aus dem Kühlfach holte. Er muss fit wie ein Turnschuh gewesen sein … ich meine natürlich, bevor er sich …"

Er hielt sich den Zeigefinger gegen die Schläfe.

„Was interessiert dich das eigentlich? Du bist doch im Ruhestand und plünderst sicher deine Weinvorräte, so wie ich dich kenne."

„Klausen war seinerzeit bei mir in der Ausbildung. Er war ein ausgeglichener junger Mann. Ein Selbstmord passt nicht zu ihm. Außerdem habe ich zufällig die Leiche gefunden. Der gewaltsame Tod eines ehemaligen Kollegen, noch dazu eines so jungen, geht einem ganz schön an die Nieren."

„Kann ich verstehen", erwiderte Meyer, während er seine Brotzeitdose wieder in die kühle Nachbarschaft konservierter Leichenteile beförderte. „Was kann ich konkret für dich tun?"

„Ich habe da eine Information, die ich gerne bestätigt beziehungsweise widerlegt hätte. Nach meinen Kenntnissen hat Klausen an einer hochgradigen Weinallergie gelitten. Die Quelle ist absolut zuverlässig. Wein, Traubensaft, alle Produkte mit Bestandteilen von Trauben waren für den Jungen angeblich lebensgefährlich. Gib deinem Professor mal einen Tip in diese Richtung, sag aber nicht, dass du ihn von mir hast. Wenn Krämer herausbekommt, dass ich in der Angelegenheit herumschnüffle, geht er hoch wie eine Rakete."

Meyer winkte ab. Er konnte den neuen Leiter der Mordkommission auch nicht leiden. Der Präparator hatte schon die herablassende Art von Rottmanns Nachfolger genießen dürfen.

„Die Untersuchung des Mageninhalts gehört zur Routine", erwiderte Meyer. „Wenn das so ist, wie du sagst, finden wir das heraus. W e i n a l l e r g i e ...", dehnte er dann, der auch ganz gerne mal einen guten Tropfen trank und schüttelte den Kopf. „Es gibt Menschen, die müssen wirklich schon zu Lebzeiten durch die Hölle gehen."

Rottmann wandte sich zur Tür.

„Ich muss wieder los. Kannst du mich anrufen, wenn ihr das

Ergebnis habt? Ich schulde dir bei nächster Gelegenheit einen ordentlichen Schoppen."

Meyer versprach es, und Rottmann ging.

Während der Präparator im Kühlraum nebenan die nächste Leiche für die Sektion vorbereitete, schenkte er den Umrissen von Tobias Klausen, der, bedeckt mit einem weißen Tuch, im hinteren Teil des begehbaren Kühlraumes auf einem metallenen Rollwagen lag, einen bedauernden Blick.

„Weinallergie", brummelte er, „Junge, was musst du für ein fürchterliches Leben gehabt haben."

Rottmann, der grundsätzlich sehr auf den Erhalt seiner Körpersubstanz bedacht war und daher nicht zu den großen Marschierern zählte, beschloss, entgegen seiner sonstigen Gepflogenheit, in die Stadt zurückzulaufen. Auf diese Weise konnte er in Ruhe nachdenken. Er setzte seine Pfeife in Brand und ging los. Als Mann und Hund wieder die Pförtnerloge passierten, nickte ihnen der Mann grüßend zu.

An der Straßenbahnhaltestelle blieb Öchsle stehen. Erich Rottmann blickte mit gespielt ernster Miene auf ihn herunter.

„Hund, du hast eindeutig zu wenig Bewegung. Jetzt wird mal gelaufen. Es kann einfach nicht gesund sein, ständig im Wirtshaus unter dem Stammtisch herumzuliegen. Nimm dir gefälligst ein Beispiel an mir!"

Sprach's und marschierte mit auf dem Rücken verschränkten Armen, eine dichte Pfeifentabakwolke hinter sich herziehend, durch die zahllosen Einbahnstraßen dieses Stadtviertels in Richtung Grombühlbrücke davon.

Öchsles Gedanken sind leider nicht überliefert.

Rottmann hatte sich nach dem anstrengenden Fußmarsch quer durch die Stadt im *Kapadokya* bei dem freundlichen Türken in der Plattnergasse einen ordentlichen Döner gegönnt. Irgendwie musste er den Substanzverlust des langen Marsches ja wieder ausgleichen.

Jetzt lag er auf seiner Couch im Wohnzimmer und schnarchte. Öchsle lag neben ihm auf dem Boden und stand seinem Herrn in der Geräuschentwicklung in nichts nach.

Es dauerte einen Augenblick, bis Rottmanns schlafendes Hirn das unangenehme Läuten als Telefonklingeln erkannte. Mühsam wälzte er sich von seinem Kissen und schnappte sich den Hörer. Es war Meyer aus der Rechtsmedizin. Sofort war Rottmann hellwach.

„Grüß dich, Erich, ich wollte dir nur schnell Bescheid sagen, ehe ich in die nächste Obduktion muss.

Wie ich vorhin schon sagte, dieser Klausen war körperlich total fit. Auf den ersten Blick sah es zwar so aus, als hätte er sich erschossen. Es fehlten aber jegliche Schmauchspuren am Einschuss. Auch der Schusswinkel passt nicht richtig. Dann hat der Alte“, womit Meyer Professor Walther, den Leiter der Rechtsmedizin meinte, „winzige Stofffasern im Wundkanal gefunden. Vermutlich ist das Projektil vor dem Eindringen in den Schädel durch Stoff hindurchgegangen. Die Fasern werden wir vom Landeskriminalamt untersuchen lassen.“

Der Präparator machte eine Kunstpause, um die Spannung bei seinem Zuhörer zu erhöhen.

„Aber jetzt kommt's. Halt dich fest. Der Junge hat vor dem Kopfschuss einen totalen Herz- und Kreislaufzusammenbruch gehabt. Ich habe dann dem Alten deine Info bezüglich der Allergie gesteckt. Das offizielle Untersuchungsergebnis des Mageninhalts liegt zwar noch nicht vor, aber ich trinke zukünftig nur noch Wasser, wenn der Junge vor seinem Tod nicht Wein getrunken hat. Auf meine Nase kann ich mich allemal noch verlassen. Meiner Meinung nach war es *Silvaner.*“

Er kicherte, dann wurde er wieder ernst.

„Der Alte ist sich ziemlich sicher, dass Klausen an einem anaphylaktischen Schock aufgrund einer extremen allergischen Reaktion gestorben ist. Klausen war also, als er sich durch den Kopf geschossen hat, bereits mausetot. Ich würde sagen, wir haben es in diesem Fall mit einem echten medizinischen Wunder zu tun."

Rottmann knurrte zufrieden. „Das habe ich mir fast gedacht."

„Eine Kleinigkeit noch", fuhr der Präparator fort. Meyer hörte sich etwas enttäuscht an. Offenbar hatte er erwartet, dass seine Mitteilung Rottmann aus den Socken heben würde. „Er hat am Rücken mehrere frische, parallel verlaufende, blutunterlaufene Kratzer. Sie könnten von menschlichen Fingernägeln stammen. Es handelt sich aber nicht um typische Kampfspuren. Der Tote hat auch sonst keine Verletzungen, die auf einen Kampf schließen lassen."

Rottmann bedankte sich bei Meyer für die schnelle Information und versprach ihm einen baldigen Termin für die Zahlung des versprochenen flüssigen „Honorars". Nachdenklich legte Rottmann das schnurlose Telefon auf die Ladestation zurück.

Mit Sicherheit konnte man ausschließen, dass sich Klausen durch die bewusste Herbeiführung eines anaphylaktischen Schocks selbst getötet hat. Es blieb also die Frage, was den jungen Beamten, der ja ständig in Kenntnis seiner lebensbedrohlichen Allergie lebte, veranlasst hatte, Wein zu trinken? Gab es eine Möglichkeit, einem Menschen gegen seinen Willen Wein einzuflößen, um diesen Schock auszulösen? Sicher, mit Hilfe von betäubenden Medikamenten, aber die würde man bei einer Analyse des Mageninhalts unschwer feststellen können. Und danach kam natürlich gleich die nächste Frage. Wer hatte ihm anschließend durch den Kopf geschossen – und, vor allen

Dingen, warum? Welche Bedeutung hatten die Kratzspuren am Rücken? Hatte das alles mit dem Aufenthalt des ehemaligen Kriminalbeamten in Würzburg zu tun?

Das waren viele Fragen, auf die Rottmann eine Antwort finden musste. Er wusste natürlich, dass die ganze Grübelei im Augenblick nicht viel brachte. Er hatte noch viel zu wenige Informationen, um sich ein Bild machen zu können.

Einen Augenblick erwog er, Frau Klausen anzurufen, um ihr zumindest das Teilergebnis der Obduktion mitzuteilen. Dann ließ er es aber.

Erich Rottmann kannte sich. Er wusste, dass er jetzt richtig Blut geleckt hatte. Man musste kein großer Kriminalist sein, um zu vermuten, dass hinter dem mysteriösen Doppeltod des Beamten mehr steckte. Für diese allerdings sehr dilettantisch durchgeführte Inszenierung gab es vordergründig nur einen Anlass: Man wollte offenbar die Polizei von der Wahrheit ablenken. Rottmann vermutete, dass der Täter nicht viel Zeit für dieses Ablenkungsmanöver hatte. Interessant war, wer sich hinter dem Unbekannten verbarg.

Der *Terrier* fletschte die Zähne.

Beim abendlichen Stammtischbesuch im *Maulaffenbäck* war Rottmann auffällig ruhig. Sehr zur Enttäuschung seiner Stammtischbrüder, die gerne einige heiße Insiderinformationen von ihm erfahren hätten. Schließlich wussten mittlerweile alle, dass er die Leiche vor dem *Grafeneckart* gefunden hatte. Der ungeklärte Tod eines ehemaligen Polizisten bot reichlich Gesprächsstoff. Sie diskutierten die unterschiedlichsten Theorien. Die *Schoppenfetzer* waren sich sicher, dass der ehemalige Leiter der Mordkommission durch seine alten Verbindungen mehr wusste als die übrigen Sterblichen. Aber Rottmann hütete sich, auch nur andeutungsweise irgend etwas von seinem Wissen preiszugeben. Es gab nur wenig, was die Neugierde eines Stammtisches pensionierter Juristen und Kriminaler übertraf. Ein falsches Wort, eine auslegbare Vermutung, und in der Gerüchteküche wurde aus diesen Zutaten ein brodelndes Gericht zusammengebraut. Schließlich gab es immer jemanden, der jemanden kannte, der wieder jemanden kannte, dem man etwas unter dem Siegel absoluter Verschwiegenheit anvertraute …

„In welch desolatem finanziellen Zustand muss sich unsere Stadt befinden, wenn die Bürger jetzt schon so verzweifelt sind, dass sie sich vor dem Rathaus erschießen."

Der ehemalige Polizeioberrat Ludger Fuchs schüttelte den Kopf. Er war früher für die Bekämpfung von Wirtschaftskriminalität verantwortlich gewesen und sah daher hinter fast jedem Verbrechen einen wirtschaftskriminellen Hintergrund.

„Was heißt hier Bürger", warf Dr. Ritter, der ehemalige Oberstaatsanwalt, kauend ein. Er verzehrte gerade ein paar Blaue Zipfel. „Der Tote war doch Polizist. Was kann einen Polizeibeamten dazu bringen, sich eine Kugel durch den Kopf zu jagen?"

„Ehemaliger Polizist", verbesserte Fuchs. „Weiß der Himmel, warum er den Polizeidienst verlassen hat. Das ist doch ungewöhnlich. Vielleicht musste er gehen, weil er krummen Kram gedreht hat?"

Jetzt wurde es Rottmann doch ein wenig zu bunt. Er schob sein Weinglas ein Stück zurück.

„Das ist doch alles Kaffeesatzleserei. Der Mann war damals, als ich noch im Dienst war, bei mir in der Ausbildung. Mir ist nichts zu Ohren gekommen, dass er irgendwie über die Stränge geschlagen hätte. So etwas hätten die Buschtrommeln unter den Kollegen wie ein Lauffeuer verbreitet. Da hörte man aber gar nichts!"

Erster Kriminalhauptkommissar Xaver Marschmann saß

gerne mit dem Rücken zur Wand, damit er das ganze Lokal im Auge behalten konnte. Eine Angewohnheit, die er sich aus seiner aktiven Dienstzeit beim Rauschgiftdezernat erhalten hatte. Marschmann war lange Jahre als Undercoveragent, also als sogenannter verdeckter Ermittler, in der deutschen Rauschgiftszene tätig gewesen. Was ihm aus dieser aufregenden Zeit geblieben war, war eine Tätowierung am linken Oberarm, ein ziemlich auffälliges Goldkreuz, und, nach ein paar Schoppen, das manchmal lästige Bedürfnis, jedem seine Geschichten aus der Vergangenheit erzählen zu wollen. Das Problem war, dass die Stammtischbrüder, die diese in der Zwischenzeit alle kannten, den ständigen Wiederholungen nur noch bedingt Aufmerksamkeit schenkten.

„Wir hatten damals", wandte er sich an seinen Nachbarn, Rechtsanwalt Hübner, während er sich eine Scheibe Brot dick mit Angemachtem bestrich, „zu meiner aktiven Zeit, einmal die Situation, dass wir einen verdeckten Ermittler in einen Dealerring einschleusen wollten. Die zur Verfügung stehenden Polizisten waren alle ‚verbrannt', das heißt, die Bande kannte die in Frage kommenden Beamten. Wir mussten also einen unbekannten Agenten einsetzen. Man hat dann zu diesem Zweck einen Beamten aus einem anderen Präsidium angefordert. Er bekam eine überprüfbare Legende verpasst, und dann wurde er in die Bande eingeschleust. Einige Wochen später haben wir dann zugeschlagen, weil die Kerle einen Tipp bekommen hatten, dass ein Maulwurf unter ihnen war. Der Kollege ist damals fast aufgeflogen. Im letzten Moment sind wir mit dem Sondereinsatzkommando in die konspirative Wohnung rein und haben einen Teil der Bande hochgenommen. Die Köpfe des Rauschgiftrings haben wir leider nicht bekommen, aber die Dealer hätten den Kollegen mit Sicherheit über die Klinge springen lassen. Immerhin haben wir bei der Aktion fünfzehn Kilo bestes Heroin und über fünfzigtausend Dollar sichergestellt. Wer weiß, vielleicht war dieser Klausen auch ein Undercovermann."

Er biss in sein Brot.

Rottmann hatte Marschmanns Worten nur mit halbem Ohr zugehört. Irgendwie konnte er sich heute gar nicht so richtig entspannen. Es ging ihm einfach zu viel durch den Kopf. Er nahm einen kräftigen Schluck von seinem *Bacchus*, dann stopfte er sich eine Pfeife.

Öchsle wunderte sich an diesem Morgen schon sehr. In der Regel musste er sein Herrchen wecken, und das war manchmal wirklich kein einfacher Job. Dieses Weckritual war so weit gediehen, dass sich Rottmann voll auf seinen Hund verließ und sich gar keinen Wecker mehr stellte. Heute war Erich Rottmann allerdings ungewöhnlich frühzeitig auf den Beinen.

„Auf, du Faultier", forderte Rottmann seinen vierbeinigen Freund auf, der mit großen Augen aus seinem Körbchen heraus die ungewohnte Aktivität seines Menschen verfolgte. „Wir haben heute einiges zu erledigen."

Nachdem er eine Tasse Kaffee getrunken hatte, führte er ein Telefongespräch und traf eine Verabredung. Eine Viertelstunde später marschierte das Gespann Rottmann/Öchsle durch die Ringparkanlagen in Richtung Bahnhof. Er war auf dem Weg, um sich ein weiteres Teilchen des Puzzles zu besorgen.

Johnny Nebel, Gründer und Leiter der Detektei Nebel, war ein eher unscheinbarer Mann. Ein Allerweltsmensch, mit einem Allerweltsgesicht und einer Allerweltsfigur, der in einer Menschenansammlung völlig unterging. Sicher war dies ein Teil seines Erfolgsrezepts.

Erich Rottmann kannte Johnny Nebel, dessen richtiger Vorname eigentlich Johannes lautete, seit einem Mordfall vor mehreren Jahren, in dem die Detektei eine nicht sehr ruhmreiche Schlüsselrolle gespielt hatte. Seinerzeit war Nebel durch einen unzuverlässigen Mitarbeiter in erhebliche Schwierigkeiten geraten, aus denen Rottmann ihm herausgeholfen hatte.

„Herr Rottmann, nehmen Sie doch Platz", bot der Privatermittler seinem frühen Gast einen Sitzplatz in seinem gediegen, aber nicht protzig eingerichteten Büro an. „Kann ich Ihnen einen Kaffee anbieten?"

Rottmann nahm dankend an. Öchsle verkrümelte sich in eine ruhige Ecke neben einer tiefhängenden Topfpflanze.

Nachdem der Detektiv seine Sekretärin entsprechend beauftragt hatte, schob er den Flachbildschirm seines Computers etwas zur Seite und wandte sich seinem Besucher zu.

„Herr Rottmann, was kann ich für Sie tun? Ich nehme nicht an, dass Sie mich um der alten Zeiten willen aufgesucht haben."

Rottmann kam ohne Umschweife auf den Punkt.

„Herr Nebel, ich ermittle da in einem etwas verzwickten Fall und benötige dabei Ihre Unterstützung."

Der Detektiv zog die Augenbrauen in die Höhe. In diesem Augenblick ging die Tür auf, und die Sekretärin servierte den Kaffee.

Nachdem sie den Raum wieder verlassen hatte, fragte Nebel: „Ermittlungen? Ich denke, Sie haben der Kriminalistik endgültig den Rücken gekehrt und genießen Ihren Ruhestand?"

„Mache ich ja auch", erwiderte Rottmann knapp. „Es handelt sich bei der Angelegenheit nur um eine private Gefälligkeit."

„Aha", stellte Nebel fest, während er seinen Kaffee umrührte. „Also, womit kann ich Ihnen helfen. Ich hoffe allerdings, Sie haben nicht vor, ein Konkurrenzunternehmen zu gründen."

Die letzte Bemerkung war natürlich nur scherzhaft gemeint.

„Die Sache dürfte für Sie nicht allzu schwierig sein", fuhr Rottmann fort, ohne auf den Scherz einzugehen. „Es geht um Tobias Klausen, einen ehemaligen Polizisten, der vor gut zwei

Jahren aus bisher unbekannten Motiven den Polizeidienst quittiert hat und, nach meinen Informationen, in die Münchener Detektei *Ramsteiner* eingetreten ist."

Nebel sah Rottmann von unten her an.

„Sprechen Sie etwa von der Geschichte, die zur Zeit durch die Presse geht? Dieser Leichenfund am *Grafeneckart*?"

Rottmann nickte. Ihm war klar, dass Nebel die Angelegenheit verfolgt hatte.

Nebel stieß einen leisen Pfiff aus.

„Merkwürdige Sache. Und, was soll ich in diesem Zusammenhang für Sie herausfinden?"

Rottmann räusperte sich. Ihm war klar, dass der Detektiv aus seiner Frage gewisse Rückschlüsse ziehen würde. Er war sich aber auch sicher, dass er sich auf die Diskretion des Mannes verlassen konnte.

„Ich hätte gerne gewusst, an welchem Fall Klausen zuletzt arbeitete. Es muss eine Sache gewesen sein, die einen direkten örtlichen Bezug zu Würzburg hat. Mehr weiß ich leider nicht."

Nebel überlegte einen Augenblick, dann zog er die Tastatur zu sich heran und aktivierte seinen Bildschirm. Offenbar suchte er nach einer eingespeicherten Telefonnummer. Einen Moment später griff er zum Hörer.

„Hier Detektei Nebel aus Würzburg, Johnny Nebel am Apparat", meldete er sich, nachdem auf der anderen Seite der Leitung abgenommen wurde. „Verbinden Sie mich bitte mit Ulli Ramsteiner."

Er musste einen Augenblick warten, dann hatte er offenbar den gewünschten Gesprächspartner am Telefon.

„Hallo Ulli, ich grüße dich, hier Johnny Nebel. Wie stehen die Aktien?"

Nebel hörte einige Sekunden geduldig zu, dann kam er ohne Umschweife zur Sache: „Ulli, ich wollte dir zunächst einmal mein Mitgefühl zum tragischen Tod deines Mitarbeiters Tobias Klausen aussprechen."

Pause. Nebel hörte seinem Gesprächspartner zu, ohne ihn zu unterbrechen. Dabei bemerkte Rottmann, dass seine Miene immer ernster wurde.

„Woher ich von Klausen weiß? Nun, ich habe einen Mandanten, der ein persönliches Interesse an der Aufklärung dieses Todesfalles hat."

Pause.

„Kannst du mir wenigstens sagen, an welcher Sache Klausen dran war?"

Nebel lauschte noch einige Zeit, dann beendete er das Gespräch mit einem knappen Gruß. Er legte den Hörer langsam auf, dann sah er Rottmann an.

„Der Kollege in München war ziemlich überrascht, als ich ihn nach Klausen gefragt habe. Einen Augenblick hatte ich das Gefühl, ihm wäre der Name gar nicht geläufig. Auch der Tod des Mannes schien ihn nicht sonderlich zu beeindrucken. Er hat mir dann zögerlich erklärt, dass Klausen bei ihm als freier Mitarbeiter beschäftigt war. Was immer das auch heißen mag.

Obwohl er von dem Mann nicht viel wusste, hat er sich dann geweigert, mir irgendwelche Hinweise bezüglich Klausens Auftrag zu geben. Er tat so, als sei der Mann für seine Firma in irgendeiner geheimen Mission unterwegs gewesen, über die er nicht sprechen kann."

Nebel legte nachdenklich seinen Zeigefinger an die Nase.

„Ich habe Ramsteiner selten so zugeknöpft und abweisend erlebt. Irgend etwas an der Sache ist höchst merkwürdig."

„Ist es in Ihrer Branche üblich, freie Mitarbeiter zu beschäftigen?", wollte Rottmann wissen.

„Ja, das kann schon mal vorkommen, dass wir in speziellen Fällen auf nicht-professionelle Informanten zurückgreifen müssen. Die Polizei macht das ja auch. Mir ist allerdings noch kein Fall bekannt geworden, dass man einen Freien selbständig auf einen Fall angesetzt hat."

Rottmann bedankte sich bei Nebel für die Hilfe und den Kaffee, dann verabschiedete er sich. Er musste dem Detektiv allerdings versprechen, ihn über den Ausgang der Sache zu informieren.

Erich Rottmann ließ Öchsle in den Anlagen an der Bismarckstraße kurz das Bein heben, dann setzte er sich am Bahnhof in die Straßenbahn und fuhr nach Hause zurück. Nachdem er seine Wohnung betreten hatte, gab er Öchsle Futter, dann setzte er sich auf seinen kleinen Balkon und gönnte sich eine Pfeife.

Dieser „Fall Klausen", wie er die Angelegenheit im Stillen nannte, ließ ihm keine Ruhe mehr. Ein junger, tüchtiger Polizist mit guten Karriereaussichten verlässt den Polizeidienst, um bei einer Privatdetektei in München anzuheuern. Mit der Begründung, dort bessere Verdienstmöglichkeiten zu haben. Bei dieser Detektei ist er aber kaum bekannt, wird dort nur als freier Mitarbeiter geführt, also ihrer Natur nach eine nur sporadische Tätigkeit. Gewissermaßen der Tausch einer sicheren Existenz mit einem existenziellen Schleudersitz. Hatte sich Klausen vielleicht doch etwas zuschulden kommen lassen? Es gab schon hin und wieder Fälle, dass man Polizeibeamten, die im Dienst gestrauchelt waren, die Möglichkeit gab, sich freiwillig aus dem Polizeidienst zu verabschieden. Schließlich warf es kein gutes Licht auf die Polizei, wenn man schwarze Schafe an die Öffentlichkeit zerrte und von der Presse ausschlachten ließ.

Rottmanns Vertrauen in Klausen bekam einen feinen Haarriss. Er beschloss, auch in diese Richtung nachzuforschen. Vielleicht hatte der blanke Schild des Polizeibeamten Tobias Klausen doch einen unschönen Fleck?

Rottmann ging in sein Wohnzimmer und griff sich das Telefon. Die Nummer kannte er auswendig.

„Deichler!"

Rottmann hatte Glück.

„Servus Florian, hier ist Erich. Ich hätte da noch ein paar Fragen in Sachen Klausen. Können wir uns treffen?"

Rottmann hörte dumpf Stimmen im Hörer. Offenbar hatte Deichler die Hand auf den Hörer gelegt und unterhielt sich mit einer dritten Person.

Einen Moment später meldete sich der Polizeibeamte wieder klar und deutlich.

„Entschuldige, Erich, aber Krämer war gerade im Zimmer, ich musste ihn erst loswerden.

Du wolltest mich treffen, wenn ich das richtig verstanden habe. Klar, kein Problem. Ich habe morgen früh um acht Uhr einen Termin als Zeuge vor Gericht. Wann passt es dir?"

„Sagen wir um zehn im *Haupeltshofer*?"

„Alles klar."

Sie legten auf.

Nachdem Rottmann schon den Telefonhörer in der Hand hielt, konnte er auch gleich einen weiteren Anruf tätigen.

Nach dem fünften Mal Läuten ging bei Frau Klausen der Anrufbeantworter an. Rottmann hinterließ keine Nachricht, sondern legte auf. Er hasste Anrufbeantworter und pflegte grundsätzlich nicht auf Automaten zu sprechen. Was er von Frau Klausen wissen wollte, konnte er sie auch noch am nächsten Tag fragen.

Deichler war wie immer pünktlich. Er setzte sich Rottmann gegenüber und gab ihm die Hand. Der Kriminalbeamte kam natürlich nicht umhin, Öchsle, der sich fordernd gegen sein Knie drückte, ebenfalls zu begrüßen.

„Zeugenaussage erledigt?“, fragte Rottmann.

„Ja. Unschöne Sache. Vielleicht erinnerst du dich? Das war die Sache vor zwei Jahren in der Zellerau. Eine Frau hatte ihren Mann in der Nacht mit dem Bügeleisen erschlagen, weil er sie über Jahre ständig schwer misshandelt hat.“

Er räusperte sich. „Na ja, du kennst das ja. Ich hoffe, dass sie einigermaßen glimpflich davonkommt. Dieser Kerl war wirklich ein Schwein. – Weshalb wolltest du mich sprechen?“

Sie wurden von der Bedienung unterbrochen. Deichler bestellte einen Kaffee.

„Ich habe mich in der Sache Klausen mal ein wenig umgehört“, begann Rottmann seine Erläuterung. „Ich bin dabei auf einige Dinge gestoßen, die mir, gelinde gesagt, ziemlich spanisch vorkommen.“

Deichler hörte ihm aufmerksam zu, sagte aber nichts.

„Hast du irgendwelche Anhaltspunkte dafür, dass Klausen aus der Polizei hinauskomplimentiert wurde, weil er krumme Dinger gedreht hat? Ich habe mal meine Beziehungen spielen lassen. Die Detektei, bei der er angeblich das große Geld verdient hat, kennt ihn kaum. Sie führen ihn dort nur als freien Mitarbeiter. Das ist nicht viel mehr als ein besserer Informant. Mit einem solchen Job kann man bekanntlich keine Reichtümer anhäufen.“

Deichlers Kaffee wurde serviert. Während er Zucker in die Tasse gab, schwieg er weiter.

Sein ehemaliger Chef sah den Beamten mit zusammengekniffenen Augen an.

„Bist du neuerdings in einen Schweigeorden eingetreten?“, fragte er etwas gereizt.

„Mann, Erich, du hast ja keine Ahnung, was bei uns im Dezernat los ist. Der Fall Klausen scheint richtig heiß zu sein. Krämer hat sich die Akten bringen lassen und die Angelegenheit auf Anordnung des Polizeidirektors zur Chefsache erklärt. Dadurch bin ich so ziemlich von allen Informationen abgeschnitten."

„Ach ja?"

Rottmann wurde wach. Sehr wach. Der *Terrier* spürte fast körperlich, dass die Fährte heiß wurde.

„Ja", bestätigte Florian Deichler. „Kein Wort zu Mitarbeitern mehr, kein Pieps zur Presse. Anfragen der Staatsanwaltschaft beantwortet er selbst."

„Das heißt, Klausen hat tatsächlich die sprichwörtlichen goldenen Löffel geklaut?"

Deichler zuckte mit den Schultern. Dabei sah er angelegentlich auf seinen Kaffee und mied den Blickkontakt.

Der ehemalige Leiter der Mordkommission kannte seinen früheren Mitarbeiter genau. Er spürte, dass Florian Deichler ihm etwas verschwieg.

Es trat eine beredte Stille ein. Das Geraune der übrigen Gäste wurde den beiden Männern erstmals richtig bewusst. Schließlich verlor Rottmann die Geduld.

„Mann, Florian, jetzt tu nicht herum, als würde dir ein Furz querstehen. Ich sehe doch genau, dass du mehr weißt, als du sagst."

„Mein Gott, Erich, ich komme in Teufels Küche, wenn herauskommt, dass ich dir vertrauliche Ermittlungsergebnisse verraten habe."

„Wer soll was erfahren? Du weißt, dass du mir vertrauen kannst! – Also los, spuck's schon aus!"

Deichler sah sich im Café um, als würde er gleich ein großes Staatsgeheimnis lüften. Schließlich erklärte er mit gesenkter Stimme: „Wir haben den Obduktionsbefund von Klausen. Er ist nicht erschossen worden … ich meine, er ist nicht durch die Kugel gestorben …"

„… sondern vielmehr an einem anaphylaktischen Schock", vollendete Rottmann den Satz. „Bekannt!"

Der Kriminalbeamte bekam große Augen.

„Du siehst, mit deiner Geheimniskrämerei ist es gar nicht so weit her", stichelte Rottmann und grinste seinen früheren Mitarbeiter schief an.

„Woher …?"

„Mein Gott, Florian, meinst du wirklich, ich hätte schon alles verlernt? Man hat schließlich seine Beziehungen. – Aber weiter. Was hast du noch für mich?"

Deichler überlegte einen Augenblick, dann flüsterte er regelrecht.

„Wir haben eine Anfrage des Landeskriminalamts. Sie wollen die Tatwaffe haben."

„Das ist ja nicht sonderlich außergewöhnlich", erwiderte Rottmann. „Sie werden das Projektil vergleichen wollen …"

Er stutzte, dann fixierte er Deichler intensiv.

„Moment mal, das kann ja gar nicht sein … oder habt ihr zwischenzeitlich den eigentlichen Tatort und das Projektil gefunden?"

„Nein, nein", gab Deichler zurück. „Außerdem weißt du genau, dass das normalerweise genau umgekehrt läuft. Wenn wir eine Waffe untersuchen lassen wollen, bitten wir das Landeskriminalamt um Amtshilfe."

„Woher wissen die dann von der Waffe?"

„Keine Ahnung."

Rottmann überlegte einen Augenblick, dann fragte er: „Habt ihr die Pistole schon weggeschickt?"

Deichler schüttelte den Kopf. „Wir werden sie auch nicht mit der Post schicken. In zwei Tagen fährt ein Kurier nach München. Der wird die Waffe mitnehmen."

Erich Rottmann sah Deichler fest in die Augen.

„Kannst du in die Asservatenkammer gehen und mir die Waffennummer besorgen?“

„Was willst du mit der Nummer?“

Rottmann runzelte die Stirn.

„Ich habe noch ein paar alte Kontakte ins Landeskriminalamt. Die werde ich mal anzapfen. Mal sehen, was dabei heraus kommt. Für mich ist klar, dass die Sache nicht koscher ist.“

„Gut, ich werde dir die Nummer besorgen. Aber du hast sie nicht von mir. Okay?“

„Ja ja“, erwiderte Rottmann. Langsam ging ihm Deichlers Vorsicht etwas auf die Nerven. „Ruf mich bitte an, wenn du sie hast.“

Die beiden wechselten noch einige belanglose Sätze, dann verabschiedete sich Deichler. Im Gehen fiel ihm noch etwas ein.

„Was ich noch sagen wollte … Die Staatsanwaltschaft hat die Leiche von Tobias Klausen zur Feuerbestattung freigegeben. Die Aussegnung ist morgen Vormittag um elf Uhr auf dem Waldfriedhof. Ich dachte, das interessiert dich.“

Er grüßte kurz, dann war er draußen.

Rottmann blieb noch einige Zeit nachdenklich sitzen, dann zahlte er und ging ebenfalls.

In der Aussegnungshalle des Waldfriedhofs saßen im ganzen Raum verstreut nur wenige Personen. Frau Klausen hatte allein in der ersten Stuhlreihe Platz genommen. Der geschlossene Sarg stand auf einem schwarzbetuchten Podest, nur wenige Meter vor ihr. Auf dem schlichten Holzsarg lag ein kleiner Blumenstrauß, sonst gab es keinen Schmuck.

Drei ältere Damen saßen in stiller Einkehr auf ihren Stühlen und blickten bekümmert nach vorne. In einer Ecke saß ein mittelalter Mann in grauem Anzug.

Erich Rottmann ließ sich in der hintersten Reihe nieder.

Weil er Öchsle nicht zu Hause lassen wollte, war er ausnahmsweise mit dem Käfer zum Waldfriedhof gefahren. Dort hatte er den Hund zurückgelassen.

Kurz nachdem Rottmann Platz genommen hatte, ging die Tür erneut auf, und Florian Deichler trat ein. Rottmann wunderte sich etwas. Deichler hatte Tobias Klausen zwar während der Ausbildung kennengelernt, hatte aber mit Sicherheit sonst keinen Bezug zu dem Toten.

Deichler hatte Rottmann schnell entdeckt und nahm neben ihm Platz.

„Grüß dich", flüsterte Rottmann und gab seinem Nebenmann unauffällig die Hand. „Was machst du hier?"

„Na ja", gab der Beamte zurück, „immerhin war Klausen einmal Polizist gewesen. Ich habe Krämer eingeredet, dass man sich mal bei der Beerdigung sehen lassen sollte. Manchmal entdeckt man bei solchen Anlässen interessante Gesichter. Krämer hat es gefressen und mich hierher geschickt. Auf diese Weise kann ich dir *das* zukommen lassen …"

Er griff in seine Jackentasche und reichte Rottmann unauffällig ein kleines Blatt hinüber. Der ehemalige Leiter der Mordkommission griff danach und warf dezent einen Blick darauf. Auf dem Zettel stand eine sechsstellige Nummer. Er nickte Deichler zu.

„Danke. Ich werde dich über die Ergebnisse meiner Recherchen auf dem laufenden halten."

In diesem Augenblick ertönte klassische Musik aus den Lautsprechern, und eine Seitentür öffnete sich. Ein Mann in dunklem Anzug trat herein, verbeugte sich vor dem Sarg, dann trat er hinter ein Rednerpult. Offensichtlich wurde Klausen eine konfessionslose Aussegnung zuteil. Rottmann war froh, dass hier nicht das ganze Brimborium einer offiziellen Beerdigung eines im Dienst verstorbenen Polizeibeamten ablief.

Der Redner sprach zwar allgemein gehaltene, aber durchaus tröstend gemeinte Worte. Nach zehn Minuten war das Zeremoniell beendet. Nachdem eine weitere Musik verklungen war, erhoben sich die Menschen und verließen langsam den Raum.

Rottmann warf Frau Klausen einen prüfenden Blick zu. Die Frau hielt sich bewundernswert tapfer. Mit unbeweglicher Miene starrte sie auf den Sarg.

Zufällig blickte Rottmann zur Hallentür. Er konnte gerade noch sehen, dass eine junge Frau die Aussegnungshalle wieder verließ. Er hatte nicht bemerkt, wann sie eingetreten war. Nur für einen Augenblick bekam er ihr Profil zu sehen, dann war sie draußen.

Deichler erhob sich.

„Ich denke, das war es", stellte er fest.

„Ich komme mit", sagte Rottmann und erhob sich ebenfalls.

Als die beiden ins Freie traten, schlossen sie geblendet die Augen. In der Halle hatte gedämpftes Licht geherrscht. Langsam schlenderten sie in Richtung Parkplatz.

„Kennst du die Frau dort", fragte Rottmann plötzlich und wies mit einer Kopfbewegung auf ein Auto, das gerade den Parkplatz verließ.

„Keine Ahnung", erwiderte Florian Deichler. Er hatte aber auch nicht richtig hingesehen. „Wahrscheinlich eine Bekannte des Toten", vermutete er und marschierte in Richtung Dienstwagen. „Kann ich dich in die Stadt mitnehmen?"

„Danke, ich habe meinen Wagen dabei."

Deichler musterte den alten VW-Käfer, der unter den übrigen Fahrzeugen deutlich herausstach, zweifelnd.

„Und du meinst, dass du mit der alten Kutsche wieder heil nach Hause kommst?"

Wenn jemand über sein Kultauto lästerte, reagierte Rottmann empfindlich.

„Quatschkopf!", knurrte er.

Wenig später saß er auf dem durchgesessenen Fahrersitz des Käfers und streichelte Öchsle den Kopf. Der Rüde hatte tief und fest geschlafen.

Rottmann überlegte kurz, dann entschloss er sich, auf Frau Klausen zu warten.

Während er wartete, beobachtete er einen Mann, der in der Aussegnungshalle abseits gesessen hatte. Dieser eilte über das Gelände, wobei er mit einem Mobiltelefon telefonierte. Zunächst ohne größeres Interesse verfolgte Rottmann den Mann, der in einen BMW stieg. Doch als er wegfuhr, konnte er erkennen, dass der Wagen ein Münchener Kennzeichen hatte. Aufmerksam geworden, richtete sich Rottmann auf. Automatisch merkte er sich das Kennzeichen und notierte es sich dann auf einem Zettel. Er ärgerte sich, dem Mann in der Halle nicht mehr Beachtung geschenkt zu haben. Es sah fast so aus, als hätte die Detektei *Ramsteiner* einen Mitarbeiter zur Aussegnung geschickt, um Klausen die letzte Ehre zu erweisen. So viel Mühe für einen kaum bekannten freien Mitarbeiter? Die Sache wurde immer rätselhafter.

In diesem Augenblick ging die Tür der Halle auf, und Frau Klausen trat heraus. Sie blieb einen Augenblick stehen und sah sich etwas verloren um.

Rottmann stieg aus und winkte ihr zu. Sie kam herüber.

„Danke, dass Sie zu der Trauerfeier gekommen sind."

„Kann ich Sie ein Stück mitnehmen?", bot Rottmann an. „Ich bin mit dem Auto hier."

Der alte VW-Käfer hatte beim Anlassen seine Marotten. Erst beim dritten Versuch kam der Motor mit einigen knallenden Fehlzündungen in Gang, welche die Friedhofsrufe empfindlich störten. Einen Augenblick später fuhren sie knatternd los.

„Ein schönes altes Auto", bemerkte Frau Klausen. Es war aber deutlich zu merken, dass es sich lediglich um eine Höflichkeitsfloskel handelte. In Gedanken war sie ganz woanders.

Als sie die Mergentheimer Straße entlangfuhren, brach die Frau das von Rottmann respektierte Schweigen.

„Wissen Sie, Tobias war kein religiöser Mensch", erklärte sie unvermittelt. „Ich wusste, dass er keinen Priester gewollt hätte. Er hat auch einmal gesagt, dass er eine Einäscherung einer Erdbestattung vorziehen würde. Ich habe ihm seinen Wunsch erfüllt, auch wenn es mir sehr schwergefallen ist."

Rottmann hörte nur zu.

Plötzlich änderte sie unvermittelt das Thema.

„Haben Sie wegen des Todes meines Jungen etwas herausgefunden?"

Rottmann ratterte gerade über das Kopfsteinpflaster der Löwenbrücke und musste an der roten Ampel halten. Es gab also kein Ausweichen.

„Wollen Sie sich heute wirklich mit diesen Fragen belasten?"

„Ja!" Ihre Antwort war knapp und eindeutig.

Rottmann atmete tief durch.

„Also, es steht jetzt definitiv fest, dass Ihr Sohn keinen Selbstmord begangen hat. Nach Aussage der Rechtsmedizin starb er an einem anaphylaktischen Schock, ausgelöst durch seine Allergie. Man hat in seinem Magen tatsächlich Reste von Wein gefunden."

„Wusste ich es doch!" Frau Klausens Stimme hatte einen triumphierenden Unterton. „Sie können davon ausgehen, dass er den Wein nicht freiwillig getrunken hat. Irgendwie muss es seinem Mörder gelungen sein, ihm das Zeug einzuflößen."

Erich Rottmann konnte wieder Gas geben.

„Ich habe ein paar Erkundigungen eingezogen, was seinen Wechsel zu dieser Münchener Detektei betraf. Merkwürdigerweise war Ihr Sohn dort kaum bekannt und wurde nur als freier Mitarbeiter geführt. Könnte es sein, dass es einen anderen Grund gab, weshalb er die Polizei verlassen hat?"

Frau Klausen war eine intelligente Frau. Obwohl er sich bei der Frage um einen möglichst beiläufigen Tonfall bemüht hatte, merkte sie sofort, worauf er hinauswollte.

„Sie denken, dass er wegen irgendwelcher Unregelmäßigkeiten gegangen wurde." Sie schüttelte energisch den Kopf. „Davon hätte ich etwas bemerkt. Er war total euphorisch, als er nach München wechselte."

Rottmann merkte, dass er vorsichtig sein musste, um die Frau nicht zu verärgern. Er wechselte das Thema.

„Ich nehme mal an, dass Sie die Erbin Ihres Sohnes sind. Oder gibt es jemand anderen, der Ansprüche haben könnte?"

Die Frau sah ihn von der Seite an.

„Er war nicht verheiratet, nicht geschieden und hatte weder eheliche noch uneheliche Kinder, wenn Sie das meinen."

„Aha", erwiderte er. „Es wäre vielleicht ganz hilfreich, wenn Sie mir gestatten würden, einmal in die Papiere Ihres Sohnes Einblick zu nehmen. Arbeitsvertrag, Bankauszüge und so weiter. Ich nehme an, Sie werden seine Wohnung in München demnächst auflösen müssen, da werden Ihnen diese Unterlagen doch in die Hände fallen."

Frau Klausen wirkte plötzlich sehr nachdenklich. Schließlich sagte sie: „Nachdem Sie mich jetzt danach fragen, muss ich sagen, dass mir im Nachhinein ein Umstand etwas sonderbar vorkommt. Tobias hat mir regelmäßig über die Detektei irgendwelche Unterlagen zuschicken lassen und mich gebeten, diese Papiere für ihn aufzubewahren. Erst wenige Tage vor seinem Tod habe ich wieder einen solchen Umschlag erhalten."

„Was war drin?", fragte Rottmann ungeniert.

„Keine Ahnung", erwiderte die Frau. „Ich habe die Umschläge nicht aufgemacht, sondern nur für ihn aufbewahrt."

Rottmann spürte wieder das sanfte Kribbeln.

„Würden Sie mir gestatten, dass ich einmal einen Blick auf die Papiere werfe?"

Frau Klausen zögerte einen Augenblick, dann hatte sie sich entschieden.

„Mein Sohn ist tot. Ich will wissen, warum er gestorben ist und warum man es für nötig gehalten hat, ihm nach seinem Tod noch durch den Kopf zu schießen. Diesem perversen Menschen möchte ich gerne in die Augen sehen. Was immer Sie benötigen, um dies zu ermöglichen, stelle ich Ihnen zur Verfügung."

Frau Klausen wohnte in der *Sanderau*. Rottmann fuhr durch ein paar Nebenstraßen, dann parkte er vor dem Haus.

„Kommen Sie mit", bat sie und stieg aus. „Ihren Hund können Sie gerne mitnehmen."

Die Wohnung war geräumig, und man sah ihr die ordnende Hand einer Frau an. Er nahm am Wohnzimmertisch Platz. Frau Klausen ging nach nebenan und kam kurz darauf mit einem Schuhkarton zurück.

„Das sind die Posteingänge der letzten Monate", erklärte sie und stellte den Karton vor Rottmann auf den Tisch. „Die jüngsten Sendungen sind vorne eingeordnet. – Darf ich Ihnen eine Tasse Kaffee oder ein Glas Wein anbieten?"

„Gegen ein Glas Wein hätte ich nichts einzuwenden."

Sie verließ das Zimmer.

Tatsächlich standen in dem Karton eine ganze Reihe einheitlicher, handelsüblicher DIN-A5-Umschläge, schön ordentlich hintereinander einsortiert. Die Umschläge waren alle noch verschlossen. Als Absender war auf jedem die Detektei *Ramsteiner* aufgedruckt.

Frau Klausen betrat wieder das Zimmer. Sie hatte einen Bocksbeutel, einen Korkenzieher und ein Weinglas in der Hand.

„Gestatten Sie?“

Rottmann hatte sein Taschenmesser herausgeholt und hielt den vordersten Umschlag fragend in die Höhe.

„Natürlich“, erwiderte sie knapp. „Würden Sie zuvor aber bitte diese Flasche öffnen?“

Für Rottmann eine seiner liebsten Beschäftigungen. Mit Kennerblick verriet ihm das Etikett, dass er es mit einem *Kerner Kabinett* zu tun hatte.

„Trinken Sie nicht mit?“

Frau Klausen verneinte. Stattdessen ging sie erneut hinaus und kam wenig später mit einer Plastikschüssel Wasser zurück, die sie Öchsle hinstellte. Rottmann bedankte sich. Der Rüde ließ sich nicht zweimal bitten. Laut schlabbernd löschte er seinen Durst.

Nachdem Rottmann einen Schluck des frischen Weins getrunken hatte, schlitzte er den ersten Umschlag auf und griff hinein. Er enthielt lediglich zwei gefaltete Blätter. Dabei handelte es sich offensichtlich um die Kontoauszüge des letzten Monats von einer Münchener Bank.

Rottmann studierte die Buchungen intensiver.

„Es fanden relativ wenige Kontobewegungen statt“, kommentierte er die Papiere. „Hier ist eine Überweisung der Detektei *Ramsteiner* in Höhe von 4000 Euro. Als Erläuterung steht nur ‚bekannt‘ dabei. Dann ist hier noch eine Abbuchung für eine Tageszeitung. Keine Mietzahlung, keine Stromrechnung. Ihr Sohn muss doch irgendwo gewohnt und Miete gezahlt haben? Für Spesen sind hier noch einmal weitere 2300 Euro gutgeschrieben.“

Rottmann öffnete den nächsten Umschlag. Wieder enthielt er nur Kontoauszüge. Wieder die Überweisung von *Ramsteiner* in Höhe von 4000 Euro. Außerdem eine Spesenabrechnung in Höhe von 2233 Euro.

Er öffnete willkürlich weitere Umschläge. Alle enthielten Kontoauszüge, mit mehr oder weniger identischen Einträgen.

„Diese 4000 Euro tauchen jeden Monat auf. Es handelt sich dabei offensichtlich um eine Art Gehalt. Die Regelmäßigkeit der Überweisung spricht auf jeden Fall für diese Annahme. Wirklich kein schlechtes Honorar für einen freien Mitarbeiter, das muss ich schon sagen. Die Spesen sind auch ganz ordentlich. Hat Ihr Sohn viele Reisen unternommen?"

Die Frau zuckte mit den Schultern und studierte ihrerseits die Auszüge.

„Er hat mir schon erzählt, dass er die eine oder andere Geschäftsreise machen musste, aber dabei war meiner Meinung nichts, was derartig hohe Spesen verursacht hätte."

Rottmann nahm einen Schluck.

„Wie haben Sie Ihren Sohn denn erreicht? Er muss Ihnen doch eine Telefonnummer gegeben haben."

„Ich hatte seine Mobiltelefonnummer. Er sagte, dass ich ihn dort am ehesten erwischen würde. Wenn ich ihn nicht direkt erreichen konnte, habe ich ihm auf die Mailbox gesprochen, und er hat mich dann zurückgerufen. Das hat eigentlich immer zuverlässig geklappt."

Die beiden unterhielten sich noch einige Zeit, weil Rottmann den Eindruck hatte, dass es der Frau gut tat, mit ihm zu sprechen. Eine Dreiviertelstunde später verabschiedete sich Rottmann. Er versprach Frau Klausen, sie weiterhin auf dem aktuellen Stand seiner Ermittlungen zu halten.

Als er im Käfer saß, stieß er in seiner Jackentasche auf den Zettel mit der Waffennummer, den er völlig vergessen hatte. Er überlegte einen Augenblick, dann nahm er sein Handy.

„Böhm!", meldete sich eine markante, männliche Stimme.

„Servus Klaus", entgegnete Rottmann, „hier ist Erich Rottmann aus Würzburg."

Kurze Pause, die der Angerufene offenbar benötigte, um den Anrufer einzuordnen, dann erfreut: „Hallo Erich, alte Hütte! Ich dachte schon, dich gibt es nicht mehr! Ja, so was. Schön, von dir zu hören! Wie geht's dir denn so im Unruhestand? Ich habe von deiner Pensionierung im Mitteilungsblatt des Innenministeriums gelesen."

„Unruhig halt", erwiderte Rottmann, „wie denn sonst?"

Klaus Böhm war ein Weggefährte Rottmanns aus der Zeit, als er zwei Jahre lang beim Polizeipräsidium Augsburg tätig war. Böhm hatte sich dann an das Landeskriminalamt nach München versetzen lassen und war seitdem dort auf dem Gebiet der kriminaltechnischen Untersuchungen, speziell Schusswaffen, tätig. Da er einige Jahre jünger war als Rottmann, war er noch im aktiven Dienst.

„Wie lange hast du noch?", wollte Rottmann wissen.

„Noch drei Jahre, dann habe auch ich es überstanden."

Die beiden wechselten noch ein paar Allgemeinsätze, dann kam Erich Rottmann zur Sache.

„Klaus, ich möchte dich um einen Gefallen bitten. Ich habe hier die Nummer einer Pistole HECKLER + KOCH. Könntest du mal in deinem schlauen Computer nachsehen, ob euch diese Waffe erkennungsdienstlich schon mal untergekommen ist?"

Böhm zögerte einen Augenblick, dann erwiderte er: „Erich, Erich, du kannst es auch nicht lassen. du weißt, dass ich dir keine dienstlichen Daten sagen darf?"

„Mann, Klaus, jetzt stell dich nicht so an. Ich will ja nicht den Zugangscode zur staatlichen Münzanstalt wissen."

Der Mann seufzte. „Erich, du bringst mich in Teufels Küche. – Also los, sag mir mal die Nummer!"

Erich Rottmann gab die Zahlen durch.

„Bleib dran", sagte Böhm, „ich leg mal kurz den Hörer zur Seite."

Rottmann dachte kurz an die auflaufende Handyrechnung, dann wartete er. Seine Geduld wurde auf eine harte Probe gestellt.

Der ehemalige Leiter der Mordkommission wurde immer nervöser. Hatte Böhm ihn gar vergessen? Schließlich meldete er sich wieder. Seine Stimme hatte einen merkwürdigen Unterton.

„Erich, kannst du mir sagen, wie du an diese Waffennummer kommst?“

Rottmann entschied sich, Klaus Böhm einen Teil der Wahrheit zu sagen. Sein kriminalistischer Instinkt sagte ihm, dass der Mann eine Schlüsselinformation für ihn hatte.

„Hier in Würzburg wurde ein ehemaliger Kriminalbeamter, der zuletzt angeblich für eine Münchener Detektei tätig war, mit einem unschönen Loch im Kopf tot aufgefunden. Neben ihm wurde die bewusste Waffe gefunden. Nachdem es sich um das gleiche Modell handelte, das üblicherweise die Kripo als Dienstwaffe benutzt, dachte ich, ich frage dich mal.“

Böhm räusperte sich.

„Es hat etwas gedauert, weil die Pistole bei den sichergestellten Waffen nicht registriert war. Ich habe diese Waffe dann allerdings in einer Datenbank gefunden, wo wir sie beide nicht vermutet hätten.“

„Jetzt sag schon“, bohrte Rottmann nach, der Katz- und Mausspiele hasste. „Was ist mit der Pistole?“

Böhm atmete tief durch. „Die Pistole ist als Dienstwaffe im elektronischen Schusswaffenverzeichnis des Landeskriminalamtes eingetragen. Ausgegeben an den Kriminaloberkommissar Tobias Klausen!“

Es dauerte einen Augenblick, bis sich Rottmann der Tragweite dieser Information bewusst wurde. Er vergewisserte sich ungläubig:

„Du behauptest also, dass diese Waffe von euch als reguläre

Dienstpistole an Klausen ausgegeben wurde? – Das würde ja bedeuten …"

„Ja", bekräftigte Böhm, „wenn die Eintragung in der Datenbank stimmt, wovon ich ausgehe, ist die Waffe, nebst mehreren Packungen Munition, ordnungsgemäß an den Kriminaloberkommissar Tobias Klausen ausgegeben worden."

„Das heißt, dass Klausen für euch regulär tätig war …"

„Verlange jetzt bitte nicht von mir, dass ich auch noch in der Personalverwaltungsdatenbank herumschnüffle. Das könnte ich nämlich gar nicht. Aber die Sache mit der Pistole lässt keinen anderen Schluss zu. Der Eintrag ist immer noch aktuell.

Erich, du weißt, dass ich diese Information von dir weitergeben muss. Wenn einer unserer Beamten zu Tode gekommen ist …"

Rottmann unterbrach ihn.

„Mach dir da mal keine Gedanken. Eure Leute wissen offensichtlich schon Bescheid. Sie haben die Waffe bereits von der Polizeidirektion Würzburg angefordert. Jetzt weiß ich auch warum."

Plötzlich schoss Rottmann ein Gedanke durch den Kopf.

„Sag mal, natürlich rein hypothetisch: Wenn ihr einen Beamten als Undercover einsetzt, kann er dann seine Dienstwaffe behalten und würde diese dann in diesem Verzeichnis auftauchen?"

Böhm atmete tief durch.

„Erich, du bist eine Nervensäge. Also, wirklich rein hypothetisch: Ein verdeckter Ermittler kann die Waffe haben, die er will. Wenn das seine gewohnte Dienstwaffe ist, dann auch diese. – So, jetzt ist aber Schluss mit Auskünften, sonst rede ich mich noch um Kopf und Pension!"

Rottmann bedankte sich bei Böhm ganz herzlich für die Hilfe und unterbrach die Verbindung, nachdem er dem Beamten mehrmals nachdrücklich versprochen hatte, über seine Quelle absolutes Stillschweigen zu bewahren.

Er ließ die Hand mit dem Handy in den Schoß fallen. Betroffen lehnte er sich gegen das Sitzpolster zurück. Diese Informationen musste er erst einmal verdauen.

Rottmann hatte gerade seinen Frühschoppen hinter sich und war auf dem Weg zum Schuster. Seine Lieblingstreter bedurften dringend neuer Absätze. Dabei kam er am Rathaushof vorbei. Eher zufällig sah er durch die Gitterstäbe der Umzäunung. Plötzlich stutzte er. Zwei ihm bekannte Männer, die gerade das Rathaus durch den Hinterausgang verlassen hatten, überquerten, in ein angeregtes Gespräch vertieft, den Hof in Richtung Ausfahrt.

„Sieh an, Krämer und Deichler, die hohe Mordkommission", brummelte er vor sich hin und wechselte abrupt die Richtung. Er hatte wahrhaftig keine Lust, mit Krämer zusammenzustoßen.

Öchsle blickte seinem Herrn ein wenig verwundert nach, sah aber dann zu, dass er ihm folgte. Normalerweise war er von seinem Herrn und Meister keine solchen plötzlichen Richtungswechsel gewöhnt.

In ungewohnter Eile bewegte sich Rottmann durch die Menschen auf dem Marktplatz. Als er eine der dort aufgestellten Bänke erreichte, nahm er Platz. Von dort aus konnte er beobachten, wie Krämer und Deichler in der Langgasse verschwanden.

Obwohl Rottmann zum Frühschoppen die übliche Menge Leberkäse vertilgt hatte, verspürte er plötzlich ein heftiges Ziehen in der Magengegend.

„Öchsle, ich glaub, ich muss dringend etwas gegen eine bevorstehende akute Unterzuckerung tun", erklärte er ernst seinem Hund und erhob sich. Eine Minute später erwarb er an der Würstlesbude am Markt eine *Geknickte* mit Senf und zog sich wieder auf die Bank zurück. Während er es sich schmecken ließ, dachte er dankbar darüber nach, wie privilegiert unterfränkische Mannsbilder eigentlich waren. Sie lebten in einer Stadt, in der es für einen gestandenen Mann fast an jeder Ecke möglich war, schwindende Kräfte rasch wieder zu regenerieren. So gestärkt, kamen Erich Rottmanns graue Zellen auf Höchstgeschwindigkeit.

Der Besuch Krämers und Deichlers im Rathaus konnte alles mögliche bedeuten. Er war sich allerdings sicher, dass es kein Höflichkeitsbesuch gewesen war. Krämer war nur dann höflich, wenn es ihm etwas nützte.

Rottmann beschloss, seinem ehemaligen Mitarbeiter wieder einmal einen Besuch abzustatten. Auf die Idee, dass er Florian Deichler eventuell auf die Nerven gehen könnte, kam er gar nicht.

Als Rottmann aus dem Aufzug der Polizeidirektion trat und den Flur entlangspähte, sah er Krämer, der gerade Deichlers Dienstzimmer betrat.

„Mist!", schimpfte Rottmann. Jetzt konnte er natürlich sein Vorhaben nicht realisieren.

„Öchsle, wir gehen wieder", brummelte er und trat den taktischen Rückzug in die Aufzugkabine an. Ein Telefonanruf würde es wahrscheinlich auch tun.

Eine halbe Stunde später war er wieder zu Hause. Während der Hund seine Mittagsmahlzeit fraß, griff Rottmann zum Telefon.

Deichlers Nummer war besetzt. Er schaltete sein Radio ein und hörte die Nachrichten, dann versuchte er es wieder.

„Deichler!" Diesmal hob der Kriminalbeamte ab.

„Erich hier", antwortete Rottmann. „Na, bist du jetzt schlauer?"

„Wieso? Ich versteh kein Wort."

„Man sagt doch, wer vom Rathaus kommt, ist schlauer. – Also, trifft das jetzt auf dich zu?"

„Sag mal, überwachst du uns jetzt schon?" Deichlers Stimme hatte einen ungewohnt gereizten Unterton.

„Hey, was ist los? Seit wann verstehst du keinen Spaß mehr. Ich bin zufällig über den *Unteren Markt* gelaufen und habe euch dabei aus dem Rathaus kommen sehen. Da macht man sich doch so seine Gedanken."

„Ach, Erich, nimm's nicht persönlich. Krämer, diese Nervensäge, geht mir mit seiner Wichtigtuerei ziemlich auf den Geist. Mich ärgert zur Zeit die Fliege an der Wand."

Rottmann merkte sehr wohl, dass Deichler seinen letzten Satz ignorierte. Da half nur der direkte Angriff.

„Ich erzähl dir sicher nichts Neues, wenn ich dir sage, dass Klausen in Wirklichkeit für das Landeskriminalamt gearbeitet hat und nicht für irgendeine Detektei. Es sieht ganz danach aus, als wäre er als verdeckter Ermittler eingesetzt gewesen. Jetzt frage ich mich natürlich, was ein Undercoveragent in Würzburg zu ermitteln hat und, vor allen Dingen, warum er hier unter solch ungewöhnlichen Umständen starb."

Deichlers Reaktion war Schweigen. Rottmann wartete. Ihm war klar, dass der Polizeibeamte seine Worte erst einmal verkraften musste.

„Erich …" Pause. „Erich, sag mir, wie du an diese Informationen kommst … Oder nein … besser, sag es mir lieber nicht. Ich will es gar nicht wissen." Die Stimme des Beamten senkte sich wieder. „Bei uns wird diese Sache unter *top secret* gehandelt. Du solltest dich da wirklich raushalten!"

Mit dieser letzten Bemerkung erreichte er allerdings nur, dass Rottmann alles machen würde, nur nicht dies.

„Hat der Fall etwas mit dem Rathaus zu tun?"

„Erich, kein Kommentar. Wirklich, Krämer macht mich fertig. Auf mich kannst du in dieser Angelegenheit nicht mehr zählen. Und wenn du einem guten Rat folgst, dann lässt du die Finger davon. Die Geschichte hat Dimensionen …“

Der Beamte brach ab. Er hatte schon viel zu viel gesagt.

Rottmann nickte nachdenklich vor sich hin.

„Danke, Florian. Nichts für ungut. Ich habe dich schon verstanden.“ Er brach die Verbindung ab.

Deichler hatte seiner Behauptung auf jeden Fall nicht widersprochen. Das und die Reaktion seines ehemaligen Mitarbeiters waren für Rottmann Grund genug anzunehmen, dass er mit seiner Vermutung voll ins Schwarze getroffen hatte.

„Tja, Öchsle, ich wollte denen im Rathaus schon immer mal in die Karten schauen. Ich denke, dass wir das jetzt nachholen sollten.“

Beim abendlichen Stammtischhock lenkte Erich Rottmann das Gespräch auf die Rathausspitze. Dazu gab es eigentlich immer reichlich Anlass, da die Zeitung fast täglich mit Bildmaterial der repräsentationsfreudigen Oberbürgermeisterin gefüllt war. Sie war dabei fast immer in der gleichen Pose abgelichtet: In einer mehr oder weniger großen Menschengruppe, freundlich lächelnd, ein Schoppenglas in der Hand.

Ron Steiners Zunge folterte wieder mal seinen Zahnersatz.

„Ich habe manchmal das Gefühl, dass sich unsere Oberbürgermeisterin immer mit demselben Glas fotografieren lässt“, stellte er fest. „Sie muss auf so viele Empfänge, dass sie zwischendurch wahrscheinlich nicht einmal Zeit hat, das Glas spülen zu lassen.“

Gelächter in der Runde.

„Bei den feinen Tröpfchen, die bei diesen Gelegenheiten eingeschenkt werden, würde ich mich auch mal opfern.“

Dr. Ritter verdrehte genießerisch die Augen.

„Wenn du willst, kannst du morgen hin", wandte Xaver Marschmann ein, „die Stadt gibt am Nachmittag einen Empfang. Würzburg hat zur Zeit Besuch einer hochkarätigen Politikergruppe aus einer unserer Partnerstädte. Mein Nachbar ist im Stadtrat. Er hat mir schon mehrmals eine Einladungskarte für derartige Empfänge angeboten. Ich kann aber solchen Veranstaltungen nichts abgewinnen."

„Schade, morgen habe ich einen Arzttermin, den ich leider nicht absagen kann", bedauerte Dr. Ritter.

„Hast du was dagegen, wenn ich da mal hingehe?"

Marschmann sah Rottmann erstaunt an. „Erich, seit wann hast du Interesse an offiziellen Empfängen?"

Erich Rottmann hob die Hände. „Ihr habt mir den Mund richtig wässrig gemacht." Er stutzte einen Augenblick, dann schüttelte er lächelnd den Kopf. „Das mit dem ‚wässrig' müsst ihr nicht so wörtlich nehmen."

„Na gut", erklärte Marschmann, „komm morgen gegen Mittag bei mir vorbei, bis dahin besorge ich dir eine Einladung."

Marschmann hob sein Glas. „Zum Wohl!"

Die anderen *Schoppenfetzer* prosteten zurück.

Frau Klausen war sofort bereit, Rottmann zu helfen, als er sie am nächsten Vormittag anrief und sie um ein möglichst aktuelles Foto ihres Sohnes bat. Sie fragte auch nicht, wofür er die Fotografie benötigte.

Erich Rottmann konnte sich gar nicht mehr erinnern, wann er seinen alten Raiffeisensmoking das letzte Mal getragen hatte. Schon beim Einstieg bedurfte es einer gekonnten Atemtechnik, um den Hosenbund überhaupt geschlossen zu bekommen. Sein Vertrauen auf die Stabilität deutscher Konfektionsware wurde stark strapaziert. Der Anzug knackte verdächtig in allen Nähten. Auch das Jackett schmiegte sich ausgesprochen figurbetont um seine ausgebauchte Körpermitte und klaffte an der Knopfleiste. Aber wenn er die Jacke offen ließ, würde es schon gehen.

Öchsle verfolgte die Bemühungen seines Herrn um eine Verbesserung seines äußeren Erscheinungsbildes mit skeptischen Blicken. Die lange Hängezeit im Schrank hatte dem Anzug eine markant muffige Duftnote verliehen. Für die feine Nase des Hundes nicht sonderlich angenehm.

Zum Schluss schlang sich Rottmann noch eine Krawatte um den Hemdenkragen. Zufrieden stellte er im Spiegel fest, dass ihn dieses schmale Kleidungsstück optisch vorteilhaft streckte.

Irgendwann war er abmarschbereit. Um den Anzug etwas frischer Luft auszusetzen, legte er den Weg in die *Sanderau* zu Fuß zurück. Öchsle hatte nichts dagegen einzuwenden.

Trotz ihrer Trauer huschte über Frau Klausens Gesicht der Anflug eines Lächelns, als sie Erich Rottmann die Tür öffnete.

„Nanu, Sie haben sich aber chic gemacht“, meinte sie, während sie ihren Besucher eintreten ließ.

Er murmelte etwas von einer wichtigen Einladung und betrat den Flur.

Wieder ernst geworden, langte sie auf die Kommode in der Diele und griff die Fotografie, die sie dort bereitgelegt hatte.

„Hoffentlich können Sie damit etwas anfangen. Das Foto wurde vor einigen Monaten von einem Freund der Familie auf einer Geburtstagsfeier gemacht.“

Sie warf einen langen Blick auf das Bild ihres Sohnes, dann übergab sie es Rottmann. Es handelte sich um eine klare Porträtaufnahme, die das offene Gesicht eines jungen Mannes mit einem fröhlichen Lachen zeigte.

„Ich danke Ihnen“, erwiderte Rottmann, während er das

Foto in seine Brusttasche steckte. „Es ist mir klar, wie schwer Ihnen diese ständige Auseinandersetzung mit dem Tod Ihres Sohnes fallen muss. Aber es gibt bestimmte Ermittlungen, die man nur mit einem Foto anstellen kann."

Die Frau legte ihm die Hand auf den Arm.

„Ich muss Ihnen danken. Die Tatsache, dass Sie sich mit den Hintergründen des Ablebens meines Jungen befassen, gibt mir das Gefühl, dass etwas geschieht. Dadurch ist die Situation für mich wesentlich leichter zu ertragen, als nur untätig in einer Ecke zu sitzen und zu trauern."

Rottmann verabschiedete sich, nicht ohne Frau Klausen zu versichern, dass er sie wieder anrufen würde.

Xaver Marschmann besaß eine Wohnung in Gerbrunn. Wenig später stieg Erich Rottmann mit Hund aus der Linie 14.

„Sakra, Sakra, hast du dich vielleicht aufgemotzt", empfing ihn der Stammtischbruder an der Tür seiner Wohnung mit aufgerissenen Augen. „Du könntest dich locker als Dressman für'n Trachten-Secondhandshop bewerben!"

Marschmann musste über seine Bemerkung so laut lachen, dass Öchsle verärgert zu bellen anfing. Daraufhin winkte der frühere Rauschgiftfahnder die beiden schnell in seine Wohnung und schloss hastig die Tür.

„Ich muss etwas aufpassen", erklärte er. „Die alte Gewitterziege von gegenüber macht wegen jeder Kleinigkeit gleich einen Mordsterror."

Öchsle hatte sich aber schon wieder beruhigt.

„Setz dich", forderte der Mann seinen Besucher auf. „Du musst entschuldigen, dass es bei mir ein bisschen wüst aussieht, aber Aufräumen ist erst wieder am Wochenende dran. – Kann ich dir einen Schoppen anbieten? Ich habe da einen *Bacchus*, der unbedingt weg muss …"

Rottmann sah auf seine Armbanduhr. „Wann fängt der Empfang an?"

„Um 14 Uhr. Ich habe die Einladung in der Küche liegen." Er warf Öchsle einen schiefen Blick zu. „Ich fürchte, den Hund kannst du nicht mitnehmen."

„Na, dann schenke mir mal ein Gläschen ein. Eine kleine Stärkung ist immer gut. Es wäre doch schade, wenn der Wein schlecht würde. – Das mit dem Hund werden wir sehen."

Eine Stunde später war Rottmann nebst vierbeinigem Anhang, ausgestattet mit einer Einladung für den Empfang der Stadt, wieder auf dem Weg.

Die Veranstaltung fand im historischen Wenzelsaal des Rathauses statt. Als sich Rottmann mit Öchsle dem Eingang näherte, sah er schon eine kleine Schlange anstehen, deren Einladungen von einer Dame kontrolliert wurden.

Als Rottmann an der Reihe war, warf sie einen Blick auf das Einladungsschreiben, dann bemerkte sie Öchsle.

„Herr Rottmann, den Hund können Sie leider nicht mit reinnehmen."

Sie sah Öchsle so kritisch an, als habe er gerade im Flur sein Bein gehoben.

Rottmann legte den Kopf leicht schief und sah die Dame spitzbübisch an.

„Gnädigste, Sie sollten die Einladungskarte einmal genau durchlesen", forderte er so lautstark, dass die Menschen hinter ihm in der Schlange bereits neugierig die Köpfe reckten. „Wenn mich meine dürftige Schulbildung nicht völlig im Stich lässt, steht hier ‚Herr Erich Rottmann und Begleitung'. Nun, dieser wohlerzogene Hund hier ist meine ‚Begleitung'."

Wie, um die Worte seines Herrn zu unterstreichen, setzte sich Öchsle in feinster Manier vor die Empfangsdame hin und machte ein Männchen.

„Damit ist selbstverständlich Damenbegleitung gemeint", erwiderte die Frau, nun schon leicht spitz.

„Wollen Sie damit sagen, nur weil mein Öchsle ein Rüde ist, darf er hier nicht hinein. Das ist aber ausgesprochen diskriminierend!"

In der anwachsenden Schlange hinter Rottmann machte sich langsam Unruhe bemerkbar. Einige der Herrschaften meinten, dass man doch einmal eine Ausnahme machen könne.

„Ich meine selbstverständlich menschliche, weibliche Begleitung …!" Die Stimme der Frau hob sich um eine Oktave und näherte sich dem Schrill.

„Jetzt lassen Sie den Herrn Rottmann doch schon hinein!", kam eine forsche Männerstimme aus dem Hintergrund. „Sie sehen doch, dass der Hund gut erzogen ist."

Bei dem tierfreundlichen Fürsprecher handelte es sich um den ehemaligen zweiten Bürgermeister und jetzigen Stadtrat Georg Nabenschlager, von allen Würzburgern nur der Nabenschlager Schorsch genannt. Nabenschlager konnte man ohne Übertreibung als Würzburger Institution bezeichnen. Fast jeden Tag war er mit seinem Fahrrad in Würzburgs Straßen und auf den Plätzen in irgendwelchen Geschäften unterwegs und genoss, da er immer ein offenes Ohr für die Bürger hatte, eine Popularität, die manches Stadtoberhaupt gerne auch für sich in Anspruch genommen hätte.

Rottmann hob grüßend die Hand. Es gab kaum einen alten Würzburger, der Nabenschlager nicht kannte, umgekehrt kannte Nabenschlager viele große und jede Menge kleiner Leute in der Frankenmetropole. Selbstverständlich war ihm auch der ehemalige Leiter der Mordkommission sehr wohl bekannt. Die beiden hatten einmal im Rahmen der Aufklärung des zweifelhaften Todes eines Bediensteten der Stadtverwaltung miteinander zu tun gehabt. Der Stadtrat winkte freundlich zurück.

„Also, dann … bitte sehr.“ Widerstrebend gab die Empfangsdame nach. Dabei nötigte sie sich ein süßsaueres Lächeln ab.

„Man dankt!“, erwiderte Erich Rottmann fröhlich und schob sich an ihr vorbei in den Saal hinein. Öchsle hielt sich dicht bei ihm.

Drinnen stellte sich Rottmann mit dem Rücken gegen die Wand neben dem Eingang und verschaffte sich zuerst einmal einen Überblick. Es waren schon zahlreiche Gäste eingetroffen, darunter viele bekannte Gesichter. Rottmann, der während seiner aktiven Zeit auch hin und wieder im Auftrag des Polizeidirektors offizielle Anlässe wahrnehmen musste, stellte fest, dass hier, wie auch bei anderen derartigen Anlässen, weitgehend dieselben Gesichter vertreten waren. Der Präsident des Weinbauverbandes mit der amtierenden Weinkönigin, der Landrat, der Bischof, der Regierungspräsident. Rottmann hatte diesen Kreis einmal den *Würzburger stehempfangenden Kirchen- und Behördenadel* genannt.

„Na, Herr Rottmann, dass man Sie auch wieder einmal sieht.“ Nabenschlager hatte sich unbemerkt neben Rottmann geschoben. „Befinden Sie sich nicht im Ruhestand?“

Eine der Bedienungen, die Tabletts mit gefüllten Weingläsern durch den Saal jonglierte und den Gästen anbot, kam in der Nähe vorbei.

Nabenschlager winkte ihr zu. Als sie näher kam, fragte Nabenschlager: „Na, was haben wir denn heute Gutes in den Gläsern?“

„Wein“, war die Antwort, begleitet von einem korrekt installierten Lächeln.

„Ja, wer hätte das gedacht“, seufzte Nabenschlager mit ironischem Unterton und schnappte sich zwei Gläser. „Ohne diesen sachkundigen Hinweis hätte ich glatt auf Apfelsaft getippt.“ Eines der Gläser reichte er Rottmann. Wie ein einstudiertes Weinkennerballett hielten beide ihre durchaus repräsentativen Nasen in die Gläser. Dann nahmen sie im Duett einen kräftigen Schluck.

„Jetzt haben Sie doch wieder diesen Sauerampfer ausgeschenkt", kommentierte Nabenschlager das Ergebnis der Verkostung mit schiefer Miene. „Ein überständiger *Müller-Thurgau*, den der Kämmerer kürzlich günstig eingekauft hat. Wenn das Zeug nicht bald getrunken ist, kann es die Stadt noch als Essig verwerten."

Nabenschlager war für seine spitze Zunge berüchtigt.

„Der zieht einem wirklich den Hemdzipfel rein", gab Rottmann dem Kommunalpolitiker recht. Heute hatte er totales Kontrastprogramm. Gegen den *Bacchus* vorhin war der *Müller* für seine Geschmacksknospen wie ein Schock. Jedenfalls war damit die Mär, dass im Rathaus nur Spitzenweine ausgeschenkt würden, widerlegt.

„Ich freue mich schon auf mein Sodbrennen", ergänzte Nabenschlager. Dann wechselte er abrupt das Thema.

„Na, Rottmann, Sie sind doch sicher nicht hier, um diese Köstlichkeiten des städtischen Weinkellers zu probieren."

Er warf ihm einen schrägen Seitenblick zu.

„Hat es vielleicht mit Ihrem Leichenfund am *Grafeneckart* zu tun? Sie haben doch den armen Menschen gefunden, wenn man der Presse Glauben schenken darf."

Rottmann musste vorsichtig sein. Nabenschlager war aufgrund seiner zahlreichen Kontakte und Beziehungen als Informationsquelle unbezahlbar. Auf der anderen Seite musste er sich allerdings jedes Wort, das er dem Stadtrat sagte, überlegen, wollte er nicht Gefahr laufen, eine Gerüchtelawine loszutreten. Nabenschlager war ein schlauer Fuchs, den man nicht so leicht täuschen konnte.

„Eine traurige Sache", stimmte Rottmann zu. „Was musste

der Täter den armen Kerl aber auch ausgerechnet am Rathaus ablegen."

In Nabenschlagers Gesicht zuckte ein Muskel. Dann sah er sich diskret um und fragte mit gesenkter Stimme: „Dann ist also an dem Gerücht, dass der Tote an einem ganz anderen Ort gestorben ist, was dran?"

Rottmann zuckte mit den Schultern, dann griff er in seine Brusttasche und holte das Foto heraus.

„Haben Sie den Mann schon einmal gesehen?"

Nabenschlager nahm die Fotografie in die Hand und studierte sie eingehend, dann gab er sie an Rottmann zurück.

„Ist das der Tote?"

Rottmann nickte.

Nabenschlager fuhr fort: „Bis jetzt wurde noch kein Bild des Toten veröffentlicht, sonst hätte ich es Ihnen gleich gesagt. Der Mann auf dem Foto war in der letzten Zeit der ständige Begleiter unserer Oberbürgermeisterin. Man munkelt, dass unsere gute OB etwas in Schwierigkeiten steckt. Nachdem ich nicht annehme, dass er ihr Liebhaber war, muss seine Anwesenheit wohl einen anderen Grund gehabt haben. Welchen auch immer. Auf der Gehaltsliste des Rathauses stand er jedenfalls nicht. Ich habe schon mal bei Arnulf Kohlmeißel, dem Fraktionsvorsitzenden, vorgefühlt, aber der hat total gemauert. Daraus schließe ich, dass die Sache in irgendeiner Form einen politischen Hintergrund haben muss."

In diesem Augenblick näherte sich zielstrebig eine füllige Dame. Als Zeichen ihrer Profession trug sie eine Spiegelreflexkamera um den Hals, die allerdings zwischen ihren enormen Brüsten zur optischen Bedeutungslosigkeit eines zierlichen Schmuckstückes verkümmerte.

„Mein lieber Nabenschlager", säuselte sie mit einer hohen Stimme, die so gar nicht zu ihrem äußeren Erscheinungsbild passte, „Sie können mir doch sicher ein paar Insiderinformationen zum Anlass dieses Empfangs geben. Die persönliche Referentin unserer geschätzten Oberbürgermeisterin ist heute ganz besonders zugeknöpft."

„Ach, die liebe Frau Schneider von der Presse." Nabenschlager schaltete sofort auf den im Fokus der öffentlichen Meinung stehenden Kommunalpolitiker um, als hätte man bei ihm irgendeinen Schalter umgelegt. „Sie wissen doch, dass ich immer gerne mit Ihnen spreche."

Er nickte Rottmann zu, dann zog er sich mit der Reporterin in eine ruhigere Ecke zurück. Sehr schnell waren die beiden in ein anregendes Gespräch vertieft.

Nabenschlager ließ einen sehr nachdenklichen Erich Rottmann zurück. Zum ersten Mal hatte er eine konkrete Spur der Leiche, die direkt in Richtung Rathausspitze führte. So sehr er auch grübelte, er konnte sich beim besten Willen nicht vorstellen, was ein Beamter des Landeskriminalamtes mit der Oberbürgermeisterin von Würzburg zu tun haben sollte?

In diesem Augenblick wurde die Tür zum Saal geschlossen, und eine Handglocke forderte die Aufmerksamkeit der Anwesenden. Ein Geräusch, das Öchsle offenbar gegen den Strich ging, denn er begann in die Stille hinein wütend zu bellen.

„Bist du wohl ruhig!", schimpfte Rottmann halblaut und drohte Öchsle mit dem Finger. Er spürte die Blicke der Gäste fast körperlich auf sich ruhen. Das Spektrum reichte von amüsiert bis empört.

Ein Augenpaar musterte Herrn und Hund aus ganz speziellen Motiven. Der Beobachter hatte Gründe, den Mann, der die Leiche vor dem *Grafeneckart* gefunden hatte, nicht aus den Augen zu lassen.

Öchsle gab seiner Verärgerung jetzt zwar verhaltener, aber immer noch vernehmlich Ausdruck.

Eine junge Frau in einem schicken schwarzen Kostüm eilte durch den Saal nach hinten zu Rottmann. Es handelte sich um Renate Drossbach, die persönliche Referentin der Oberbürgermeisterin.

„Würden Sie bitte den Saal verlassen", bat sie mit gesenkter Stimme, gezwungen freundlich, aber bestimmt. „Wir möchten gerne mit der Feier anfangen."

„Tut mir leid", murmelte Rottmann, „aber die Glocke hat ihn erschreckt."

„Das mag ja sein. Aber trotzdem ... bitte ..." Sie wies in Richtung Ausgang.

„Los, komm, du Spinner!", knurrte Rottmann und verdrückte sich durch die Tür nach draußen. Der Rüde folgte ihm, immer noch leise maulend.

„Du bist eine echte Hilfe", schimpfte Rottmann, während er mit ungewohnt forschem Gang den Flur entlangmarschierte. „Das nächste Mal bleibst du zu Hause", drohte er.

In Wirklichkeit war er aber mit seinen Gedanken ganz woanders. In seiner Erinnerung hatte es nämlich ‚Klick' gemacht. Die persönliche Referentin der Oberbürgermeisterin war die Frau gewesen, die er bei Tobias Klausens Aussegnung in der Halle des Friedhofs gesehen hatte.

Die Dämmerung schritt zügig voran. Die volle Scheibe des Mondes stand am Himmel und gewann mit fortschreitender Dunkelheit immer mehr an Leuchtkraft.

Die Wohngegend am Rande von Würzburg war eine typische Stadtrandsiedlung, geprägt von Einfamilien- und Reihenhäusern der etwas anspruchsvolleren Klasse. Hier wohnte, wer sich als gehobenes Bürgertum empfand. Auf den Straßen des Viertels herrschte um diese Zeit kaum noch Verkehr. Gartenarbeiten waren längst eingestellt und die Kinder in die

Wohnungen gerufen worden. Aus einem der Gärten stieg der markante Geruch gebratenen Grillfleisches auf und schwebte durch die Vorgärten. Irgendwo in der Gegend fand offenbar ein Sommerfest statt.

Sprachfetzen drangen an das Ohr des Mannes, der auf der Bank unter dem Schutzdach einer Bushaltestelle saß und in seiner dunklen Kleidung mit dem Schlagschatten des Daches regelrecht verschmolz. Die Haltestelle war ansonsten menschenleer, denn um diese Uhrzeit verkehrte kein Bus mehr.

Eine graugetigerte Katze huschte im Tiefgang über den Asphalt und verschwand mit einem eleganten Sprung in einem der Vorgärten.

Der Mann hatte für das Tier nur einen beiläufigen Blick. Seine Augen waren auf den Eingang eines Grundstücks gerichtet, das ungefähr 60 Meter versetzt von der Wartehalle lag. In dem darauf befindlichen Einfamilienhaus waren die Fenster des untersten Stockwerks hell erleuchtet. Jedes Mal, wenn sich für einen kurzen Moment der Schatten einer Person hinter den Gardinen abzeichnete, leuchteten die Augen des Beobachters begehrlich auf. Am Schattenbild konnte er SIE eindeutig identifizieren. Wie ein Jäger empfand er beim Anblick des begehrten „Wildes“ Jagdfieber. Es war nicht das erste Mal, dass er hier auf der Lauer lag. Er wusste genau, dass um diese Uhrzeit die Straße des Viertels weitgehend unbelebt war.

Seine Gedanken wurden von einem Schweinwerferstrahl abgelenkt, der sich, von links kommend, die Straße entlangtastete. Wenig später kam ein Fahrzeug vorbeigefahren und verschwand einen Augenblick später um die nächste Straßenbiegung. Der Fahrer hatte den einsamen Mann unter dem Schutzdach nicht bemerkt.

Es verging fast eine Stunde, während der der Jäger fast bewegungslos saß und wartete. Seine Konzentration wurde immer wieder von einem Gedanken beeinträchtigt, der ihn schon seit geraumer Zeit beschäftigte. Wer war der Mann mit Hund, der diesen Eklat im Wenzelsaal verursacht hatte? Es war mit Sicherheit kein Zufall, dass derselbe Mann, den er in der Nacht vor dem Rathaus gesehen hatte, plötzlich bei einem Empfang der Oberbürgermeisterin auftauchte. Er musste unbedingt dessen Identität herausfinden.

Er atmete tief durch. War er schon paranoid? Sah er schon überall Verfolger?

Das Licht im unteren Stockwerk des Hauses wurde gelöscht und ging wenig später im oberen Stock an. Der Jäger wusste, dass sich dort die Wohnräume im engeren Sinne befanden, während im Untergeschoss Arbeits- und Esszimmer und die Wirtschaftsräume lagen. In seiner Position war es kein Problem gewesen, sich die Baupläne des Anwesens zu beschaffen und sich die architektonischen Gegebenheiten einzuprägen. Alle diese Mühen gehörten zu seiner Art der Jagd.

Selbstverständlich wusste er, dass SIE sich im Augenblick allein im Haus befand. Ihr Mann hatte heute, wie er in Erfahrung bringen konnte, mehrere Auswärtstermine, die ihn bis weit nach Mitternacht fernhalten würden.

Der Jäger ließ sich sein Vorhaben noch einmal durch den Kopf gehen. Dabei liefen ihm wohlige Schauer der Erregung den Rücken hinunter. Er wusste, dass er dabei einiges riskierte, aber das hielt ihn nicht davon ab. Seine Passion beherrschte ihn wieder einmal voll.

Als der Mond hinter einer größeren Wolkenbank verschwand, kam Leben in den reglosen Schatten. Der Mann erhob sich und überquerte mit wenigen Schritten die Straße. Dabei blickte er schnell nach beiden Seiten, aber die Luft war rein.

Er griff über das schmiedeeiserne Tor des beobachteten Anwesens und öffnete es. Lautlos schwang es zurück. Kaum hatte er das Grundstück betreten, bewegte er sich seitlich versetzt auf einem schmalen Rasenstreifen. Zufrieden registrierte er, dass der Bewegungsmelder der Außenbeleuchtung nicht ansprach, weil er sich im toten Winkel befand.

Unbemerkt erreichte er die Rückseite des Wohnhauses. Dort blieb er einen Augenblick stehen, um seinen Atem etwas zu beruhigen. Die Erregung ließ seine Lungen heftig pumpen. Neben ihm befand sich die Treppe zum Kellereingang des Hauses. Ihm war bekannt, dass die Tür und das Kellerfenster mit massiven Gittern geschützt waren. Aber das stellte für ihn kein Hindernis dar. Seine Hand tastete in der Jackentasche nach dem schmalen Lederetui mit dem Nachschlüssel. Es hatte ihm einige Überredungskünste und ein großzügiges Trinkgeld abverlangt, um den Mann vom Schlüsseldienst zu überreden, ihm den Nachschlüssel ohne Vorlage eines Sicherungsscheines anzufertigen. Er war dazu eigens nach Kitzingen gefahren, wo er einen Handwerker wusste, der aufgrund seiner betrieblichen Situation jeden Cent brauchen konnte.

Geräuschlos huschte er die Betonstufen zur Kellertür hinunter und schob den Schlüssel ins Schloss. Der Schließzylinder arbeitete lautlos. Er öffnete langsam die Tür und lauschte ins Innere. Erwartungsgemäß blieb alles ruhig. Feuchte, leicht muffige Kellerluft schlug ihm entgegen. Aus einer Ecke des finsteren Raumes hörte er das surrende Geräusch eines Kühlaggregats, das zu einer Gefriertruhe gehörte.

Er zog den Schlüssel ab, schlüpfte hinein und schloss die Tür hinter sich.

Vor Erregung fast atemlos, musste er sich für einen Moment gegen die Wand lehnen. Er schloss die Augen. So weit hatte er sich noch niemals vorgewagt. Der Kick, den ihm sein Vorhaben vermittelte, war unerwartet stark.

Nachdem er sich wieder etwas gefasst hatte, konzentrierte

er sich. Er rief sich den Grundriss des Kellergeschosses des Hauses in sein Gedächtnis. Im Augenblick befand er sich in einer Art Fahrradkeller. Schräg gegenüber der Eingangstür musste eine weitere Tür sein, die in einen kurzen Flur führte, von dem weitere Räume zu erreichen waren.

Der Mann griff in seine Jackentasche und holte eines jener kleinen, aber enorm leistungsfähigen LED-Lämpchen hervor, die so winzig waren, dass man sie sogar am Schlüsselbund befestigen konnte. Er drückte auf den Kontakt der Lampe, die zwischen Daumen und Zeigefinger fast verschwand und ein roter, erstaunlich kräftiger Lichtstrahl tauchte die nähere Umgebung seines Standortes in ein dunkelrotes Licht.

Insgeheim pries er sich wegen seiner Vorsicht. Nur einen Schritt vor ihm stand ein Fahrrad quer ihm Raum. Wäre er ohne Licht weitergegangen, hätte er den Drahtesel unweigerlich umgeworfen. Der Lärm wäre sicher im ganzen Haus zu hören gewesen.

Er umging das Rad und huschte auf den Flur hinaus. Vorbei an einer Kellertreppe, die im Haus ins Untergeschoss führte, das wiederum durch eine Tür vom Keller abgetrennt war, betrat er einen fensterlosen Raum. Seine Nase hatte ihm den Weg gewiesen. Aus der Dunkelheit kam eindeutig der Duft von Waschpulver und Weichspüler.

Er schlüpfte hinein und ließ den Lichtstrahl kreisen. Die Waschküche wurde von den üblichen Maschinen bevölkert. In einer Ecke stand ein Wäscheständer, auf dem mehrere Wäschestücke zum Trocknen aufgehängt waren. Darunter auch einige weibliche Dessous.

Seine Augen leuchteten auf. Er war offensichtlich auf der richtigen Fährte. Die gewaschenen Wäschestücke beachtete er nicht weiter. Der Lichtstrahl suchte und fand einen Plastikkorb in der Ecke neben dem Wäschetrockner, der Schmutzwäsche enthielt. Der Mann näherte sich dem Korb und kniete davor nieder. Mit der freien Hand griff er in die Kleidungsstücke hinein und drehte sie herum. Als er zunächst nur männliche Wäsche fand, knurrte er enttäuscht. Schließlich griff er in die Tiefe und fand, was er suchte. Das Damenunterhemd bestand aus reiner Seide und war an der Brust mit feiner Spitze durchbrochen.

Über seine Lippen kam ein fast ehrfürchtiges Stöhnen. Langsam hob er das Hemd und führte es an seine Nase. Tief grub er sein Gesicht in die Seide und atmete den Geruch, der dieser anhaftete. Es war ihr Körperduft, sanft durchsetzt von einem Hauch von *Emotion*. Eine Mischung, die ihn massiv in Erregung versetzte.

Es war schmerzlich für ihn, sich aus seiner Verzückung zu lösen. Er griff in die Tasche und holte eine Plastiktüte heraus, in der er die Trophäe verschwinden ließ.

Jetzt, nachdem er sein Ziel erreicht hatte, kehrte langsam die Vernunft zurück. Er musste zusehen, dass er so schnell wie möglich wieder von hier verschwand. Allerdings nicht, ohne sein Zeichen zu hinterlassen. SIE sollte wissen, dass er ihr nach wie vor auf der Fährte war. Dieses Wissen um ihre Ohnmacht gegenüber seinen Handlungen war Bestandteil seiner Obsession.

Er wühlte kurz, dann nahm er eines der Männerhemden aus dem Wäschekorb, gleichzeitig zog er ein Klappmesser aus der Hosentasche. Mit Wucht stieß er die Klinge in den Stoff und zerfetzte ihn in mehrere Streifen. Anschließend breitete er das zerschnitte Hemd vor dem Wäschekorb auf dem Betonfußboden aus, so dass es gut sichtbar war. Obenauf legte er einen Fichtenzweig, den er ebenfalls mitgebracht hatte.

Wenig später trat er den Rückzug an. Auch das Verlassen des Grundstücks gelang ihm unproblematisch. Während er den Heimweg antrat, pfiff er leise vor sich hin. Er befand sich in einem euphorischen Schwebezustand. Die Hand hatte er in der Jackentasche, wo er die Trophäe seines Jagdausflugs fühlte.

Rottmann saß beim Frühschoppen am Stammtisch und gönnte sich heute zum Leberkäs einen leichten *Rotling*. Die vergangene Nacht hatte er ausgesprochen schlecht geschlafen. Ständig grübelte er darüber nach, wie er herausbekommen konnte, warum Klausen, der offensichtlich für das LKA arbeitete, im Rathaus eingesetzt worden war. Er musste an Marschmanns Ausführungen über die Undercovereinsätze in der Rauschgiftszene denken. Was gab es aber im Rathaus zu ermitteln?

Rottmann kannte zwar einige Bedienstete, aber die waren alle nicht in der Verwaltungsspitze beschäftigt.

Nachdem er seine grauen Zellen mit proteinreicher Nahrung auf Vordermann gebracht hatte, stand sein Entschluss fest. Am besten packte man den Stier bei den Hörnern. Anders ausgedrückt, er brauchte so schnell wie möglich einen Termin bei der Würzburger Oberbürgermeisterin.

Als Erich Rottmann wenig später, mit seinem Vierbeiner im Schlepptau, über die Steinplatten des Rathauses marschierte, warfen ihm die auf dem Flur herumlaufenden Bediensteten kritische Blicke hinterher. Hunde hatten im Rathaus eigentlich nichts zu suchen.

Im Vorzimmer der Oberbürgermeisterin wurde er von der freundlichen Sekretärin sofort zu Renate Drossbach weitergeleitet.

Als die Frau ihn sah, zog sie die Augenbrauen in die Höhe.

„Sagen Sie mal, kennen wir uns nicht?“ Ihr Blick blieb an Öchsle hängen, der hinter seinem Herrn stand. Offenbar erinnerte sie sich jetzt und lehnte sich zurück.

„Ja ja“, erwiderte Rottmann, „die Angelegenheit beim Empfang tut mir leid. Aber Öchsle ist halt manchmal etwas schreckhaft.“ Er zuckte mit den Schultern. „Übrigens, mein Name ist Rottmann, Erich Rottmann.“ Dann äußerte er seinen Wunsch.

„Können Sie mir sagen, in welcher Angelegenheit Sie unsere OB sprechen wollen, Herr Rottmann?“, fragte sie.

„Es geht um eine sehr persönliche Angelegenheit“, erwiderte Rottmann, „haben Sie daher bitte Verständnis dafür, dass ich das der Frau Oberbürgermeisterin nur persönlich sagen kann.“

Die Frau warf ihm einen forschenden Blick zu, dann blätterte sie langsam in einem dicken Terminkalender, der vor ihr lag. Nach einiger Zeit schüttelte sie mit professionellem Bedauern den Kopf.

„Es tut mir leid, Herr Rottmann, aber unsere Oberbürgermeisterin ist in den nächsten vierzehn Tagen vollständig ausgebucht. Da kann ich Ihnen beim besten Willen keinen Termin mehr geben. Vielleicht in drei Wochen ...“

Erich Rottmann hatte sich mittlerweile im Besuchersessel vor dem Schreibtisch der Termingewaltigen niedergelassen und trommelte mit den Fingern auf der Tischplatte herum. Öchsle hatte sich brav neben ihm niedergesetzt.

Frau Drossbach war eine blonde, gutaussehende Mittdreißigerin, deren Äußeres durchaus geeignet war, den Herzschlag eines pensionierten Kriminalbeamten zu beschleunigen. Der dezente Hauch eines anregend duftenden Parfüms schwebte im Raum.

Im Augenblick erregte ihn allerdings mehr der Umstand, dass die Dame offensichtlich versuchte, ihn freundlich, aber bestimmt loszuwerden.

„Das nützt mir nur nix“, erklärte er daher deutlich verärgert. „Und ich dachte immer, dass unsere Oberbürgermeisterin immer ein offenes Ohr für uns Bürger hat.“

„Wenn Sie mir vielleicht doch sagen könnten, was Ihr Anliegen ist, damit ich seine Bedeutung einschätzen kann, vielleicht gibt es eine Möglichkeit, Sie für ein paar Minuten einzuschieben ...“

„Ich hab es Ihnen schon gesagt, dass es sich um eine Angelegenheit handelt, über die ich mit Ihrer Chefin persönlich reden muss. Mit ein paar Minuten ist es sicher nicht getan. Ich kann nur soviel sagen, dass es für Frau Dr. Beckstein-Mannfeld sehr von Vorteil wäre, mich zu empfangen.“

Wieder der forschende Blick der jungen Frau. Für einen Augenblick glaubte Rottmann ihm auch einen Schimmer von Unsicherheit entnehmen zu können. Dann senkte die Referentin wieder die Lider.

„Wie gesagt ... Es tut mir leid ...“

Rottmann erhob sich und wandte sich zur Tür. Öchsle kam hinter seinem Herrn hervor und machte dabei einige Schritte auf den nach vorne offenen Fußbereich des Schreibtisches zu. Neugierig schnupperte er an den Beinen der Frau. Offenbar kitzelte ihn ihr Parfüm in der Nase, und er musste heftig und laut niesen. Erschrocken fuhr Frau Drossbach zurück.

„Nehmen Sie doch diesen Hund da weg!“

„Keine Sorge, er hat erst vor einer Stunde einen ganzen Finanzbeamten gefressen. Er ist bestimmt noch satt. Im übrigen, vielen Dank für Ihre selbstlose Mühe.“

Gelegentlich konnte auch der toleranteste Unterfranke einmal bissig werden. Öchsle hatte Mühe, hinter Rottmann herzukommen, so schnell war sein Herrchen an der Tür. Dabei wäre Rottmann fast mit einem Mann zusammengestoßen, der offenbar gerade das Büro der Referentin betreten wollte. Der Mann machte einen schnellen Schritt zur Seite, dabei trat er Öchsle ungewollt auf die Pfoten. Der jaulte laut auf, gleichzeitig fuhr er erschrocken herum und schnappte nach dem Hosenbein seines Peinigers. Es gab ein reißendes Geräusch, dann hatte die Anzughose des Mannes im Wadenbereich einen langen Riss. Das alles ging so schnell, dass Rottmann keine Chance hatte, das Unglück zu verhindern.

Während sich Öchsle knurrend die schmerzende Pfote leckte, betrachteten die beiden Männer etwas verdutzt den Schaden an der Hose.

„Tut mir leid", sagte Rottmann, „ich werde Ihnen den Schaden selbstverständlich ersetzen."

„Das ist jetzt aber wirklich höchst ärgerlich", erwiderte der Mann sichtlich aufgebracht und hielt sein beschädigtes Hosenbein vom Körper weg, „das ist ein sehr teurer Maßanzug. Außerdem habe ich jetzt einen Termin mit der Oberbürgermeisterin. So verlottert kann ich mich doch nicht bei ihr sehen lassen!"

„Ist ja gut. Ich habe mich doch entschuldigt. Unterm Strich kann aber keiner was dazu. Der Hund ist halt erschrocken, weil Sie ihm auf die Pfoten getreten sind. Wenn ich Ihnen mit meinen 103 Kilo Kampfgewicht auf die Zehen steigen würde, würden Sie auch sauer reagieren."

Er holte seinen Geldbeutel heraus und kramte eine an den Rändern schon etwas zerfledderte Visitenkarte hervor.

„Hier ist meine Adresse. Schicken Sie mir die Rechnung zu, der Hund ist versichert."

„Das wird teuer", gab der Mann wütend zurück, während er einen Blick auf das abgewetzte Stück Papier warf. Daraufhin fixierte er Rottmann noch einmal eindringlich, dann stürmte er wortlos in das Zimmer der Referentin.

„Gut, dass Sie hier sind, Herr Kohlmeißel", hörte Rottmann die Frau noch sagen, „die Chefin wartet bereits auf Sie." Dann fiel die Tür ins Schloss.

„Lackaffe", knurrte Rottmann so laut, dass er sicher sein konnte, dass der Mann ihn noch gehört hatte. Während er den Flur hinunterstapfte, empfand er grimmige Genugtuung darüber, dass er sich jetzt als Ruheständler gegenüber diesen arroganten Anzugtypen solche Entgleisungen erlauben konnte. Früher, als er noch in Amt und Würden war, hätte ihm diese Bemerkung wahrscheinlich eine Dienstaufsichtsbeschwerde eingetragen. Öchsle trippelte hinter ihm her. Er war schon wieder fit.

In einem Nebengang entdeckte der Ex-Kriminalbeamte eine leere Besucherbank und ließ sich darauf nieder. Jetzt brauchte er erst einmal eine Pfeife. Während er die *Bruyère* stopfte, kam ihm der Name des Mannes wieder in den Sinn.

„Kohlmeißel …", wiederholte er halblaut. Das war doch der Fraktionsvorsitzende, von dem Stadtrat Nabenschlager auf dem Empfang gesprochen hatte. Rottmann, der sich normalerweise nicht sehr um Kommunalpolitik kümmerte, hatte den Mann vorher noch nie gesehen. Während er die ersten Züge aus der Pfeife machte, war er sich sicher, dass er durch diese Wissenslücke absolut nichts versäumt hatte.

Rottmann beschäftigte sich wieder mit seinem ursprünglichen Vorhaben. Nach wie vor musste er einen Weg finden, um an die Oberbürgermeisterin heranzukommen. Er war überzeugt, dass er nur durch sie nähere Informationen über die letzten Stunden von Tobias Klausen bekommen konnte.

Während er noch nachgrübelte, hörte er plötzlich eine weibliche Stimme vor sich.

„Ja, das ist doch der Rottmanns Erich!"

Der Angesprochene wurde aus seinen Gedanken gerissen und blickte etwas irritiert die Frau an, die sich ihm unbemerkt genähert hatte. Sie trug eine blaue Kleiderschürze mit einem Firmenemblem auf der Brust und schob, als Zeichen ihres Berufsstandes, einen Rollwagen vor sich her, der mit halbvollen Müllsäcken und Reinigungsutensilien bestückt war. Offensichtlich die Mitarbeiterin des rathäuslichen Putzgeschwaders.

Woher kannte sie ihn? Sie war offenbar einige Jahre jünger als er.

„Erkennst du mich wirklich nicht mehr? Ich bin's, die Elvira Bohnmann, jetzt verwitwete Stark, aus dem Grasweg in Rimpar. Damals, in unserer Sturm- und Drangzeit, bist du mir mal ganz gehörig nachgestiegen. Freilich hatte ich da einige Falten weniger und auch die Figur …" Sie machte eine unbestimmte Handbewegung in Richtung Hüfte.

Da fiel bei Erich Rottmann der Groschen.

„Natürlich, die Elvi! Mein Gott! Freilich erinnere ich mich. Musst schon entschuldigen, dass ich dich nicht gleich erkannt hab." Rottmann erhob sich und gab ihr die Hand. „Ich war ziemlich in Gedanken. Du hast dich wirklich kaum verändert."

„Alter Schmeichler", gab die Reinemachefrau zurück und stieß ihn mit der Hand leicht gegen die Schulter. „Ich weiß selber, dass ich eine alte Schachtel geworden bin."

Rottmann wollte protestieren, aber die Frau winkte ab.

„Lass nur, das Leben ist halt nicht spurlos an mir vorübergegangen. Ich habe ja damals den Egbert Stark aus Gramschatz geheiratet. Vor fünf Jahren ist er an Krebs gestorben. Jetzt muss ich schauen, dass ich mir durch das Putzen noch ein paar Euro dazuverdiene. Seine Rente ist nicht sehr üppig."

Rottmann konnte sich daran erinnern, dass damals in Gramschatz ein Egbert Stark zu seiner Clique gehört hatte. Während er der Frau zuhörte, kam ihm plötzlich ein Gedanke. Als sie einmal Luft holen musste, fragte er dazwischen: „… und du bist jetzt hier bei der Stadt angestellt?"

„Indirekt, ja. Ich gehöre zu der Reinigungsfirma, die hier im Rathaus sauber macht. Normalerweise sind wir erst spät nach Feierabend tätig, wenn schon alle gegangen sind. Ich habe aber eine Sonderstellung, weil ich fest für die Chefetage eingeteilt bin. Man wollte nicht, dass im Büro der Oberbürgermeisterin und der anderen Politiker ständig wechselndes Personal tätig ist. Das war ein Mordstheater, bis ich hier putzen durfte. Sicherheitsüberprüfung und so. Jetzt kann ich mir meine Arbeitszeit weitgehend einteilen."

Bei ihren letzten Sätzen schwang Stolz in ihrer Stimme mit.

„Aha", erwiderte Rottmann, und in seinem Kopf keimte ein Gedanke. „Elvira, schön, dass wir uns wieder einmal gesehen haben. Leider muss ich jetzt weg. Allerdings sollten wir unser unerwartetes Wiedersehen zu einem anderen Zeitpunkt, an einer etwas gemütlicheren Stelle fortsetzen."

In den Augen der Frau begann ein kleiner Funke zu glimmen. Sie hatte natürlich die Karriere ihres ehemaligen Verehrers in der Zeitung mitverfolgt. Sie war durchaus nicht abgeneigt, ihre alte Bekanntschaft wieder aufzufrischen.

„Gerne, heute Abend hätte ich frei." In ihrem Alter konnte man es sich leisten, den direkten Weg einzuschlagen.

Rottmann war zwar etwas überrascht, dass sie so schnell zustimmte, erklärte sich aber einverstanden, weil es mit seinen Vorstellungen zusammenpasste.

„Gut, um sieben im Stachel. – Hast du eine Fahrgelegenheit?"

„Kein Problem. Ich wohne in Heidingsfeld. Die Straßenbahnhaltestelle befindet sich direkt vor meiner Wohnung."

Bewusst hatte er ein Lokal gewählt, in dem seine Stammtischbrüder garantiert nicht verkehrten. Er wollte verhindern, dass sich die *Schoppenfetzer* über ihn die Mäuler zerrissen, wenn sie ihn in Damenbegleitung sahen.

Die beiden verabschiedeten sich, und Rottmann eilte aus dem Haus.

Elvira Stark sah ihm interessiert hinterher. Sicher, Erich war auch älter geworden, aber er hatte eine stattliche Figur und machte was her. Mal abgesehen davon, dass er bestimmt auch eine ordentliche Pension bekam …

Als Erich Rottmann das Rathaus verließ und in Richtung *Sanderau* marschierte, verfolgten ihn durch ein Fenster zwei Augen, bis er in der Menschenmenge verschwand. Der Jäger war überzeugt, dass der ehemalige Bulle nicht zum Vergnügen im Rathaus herumschnüffelte. Es war an der Zeit, dass er seine Beziehungen spielen ließ, um den Alten etwas an die Kandare zu nehmen.

Erich Rottmann traf überpünktlich im Gasthof *Zum Stachel* ein. Sicherheitshalber wollte er vor dem Treffen doch erst einmal das Terrain sondieren, um sich zu vergewissern, dass sich nicht doch etwa aus Zufall ein *Schoppenfetzer* in das Lokal verirrt hatte. Der Besuch von fremden Weinlokalen war den *Schoppenfetzern* natürlich nicht verboten, aber auch nicht erwünscht. Wer dabei erwischt wurde, musste sich allerlei Lästereien anhören, und in der Regel war dann eine Runde für alle fällig.

Er atmete auf, als er feststellte, dass die Luft rein war. Öchsle verkrümelte sich wie immer unter der Bank. Rottmann suchte sich von der Karte einen leichten *Riesling* aus. In den nächsten Stunden musste er im Vollbesitz seiner geistigen Kräfte sein.

Der Schoppen wurde ihm gerade serviert, als die Tür aufging und Elvira Stark die Arena betrat. Jawohl, Arena, denn Elvira hatte wirklich voll aufgerüstet. Irgendwie musste sie es noch geschafft haben, zum Friseur zu gehen, denn ihre Dauerwelle stand so unverrückbar, dass selbst ein Orkan keinen Schaden daran hätte anrichten können. Sie trug ein buntes Sommerkleid, dessen Dekolleté gestützt, gehoben und geformt nur wenig der Phantasie überließ.

Erich Rottmann musste hart schlucken. Das war keine Frau,

die zu einem Schoppen ging, das war eine Eroberin, die zu einem Angriff gerüstet hatte. Dem Ex-Kommissar war klar, dass er sie während der nächsten Stunden auf den schmalen Grat einer angedeuteten Verheißung führen musste, die er ganz sicher nicht erfüllen wollte. Ganz wohl fühlte er sich dabei nicht in seiner Haut, aber wenn er in dem Fall Klausen weiterkommen wollte, musste er irgendwie die Rathausfestung knacken. Elvira konnte für ihn das benötigte trojanische Pferd sein.

„Da bin ich", rief sie, als sie den Tisch erreicht hatte und blieb stehen. Rottmann erhob sich und gab ihr die Hand.

„Schön, dass du da bist. Bitte, setz dich doch."

Als sie sich ihm gegenüber niederließ, brandete ihm die Welle eines zu großzügig aufgetragenen Parfüms entgegen. Der Duft kam ihm irgendwie bekannt vor.

„Hm, du hast aber ein interessantes Parfüm", machte Rottmann den etwas unbeholfenen Versuch eines Kompliments. Auf dem Parkett der Galanterie war er noch nie besonders bewandert gewesen, und das wenige, das er sich einmal hart erarbeitet hatte, hatte er schon lange wieder vergessen.

„Das ist *Emotion*, das mir unsere Frau Oberbürgermeister zum letzten Weihnachtsfest verehrt hat. Gefällt es dir?"

Sie legte einen Augenaufschlag hin, den man mit viel Wohlwollen als kokett bezeichnen konnte.

„Ja … doch … das hat was." Er ärgerte sich über seine Unbeholfenheit.

In diesem Augenblick begann Öchsle unter dem Tisch laut zu niesen. Als Elvira erstaunt nachschaute, erklärte Rottmann: „Ich denke, dass ihn dein Parfüm in der Nase kitzelt." Dann reichte er ihr die Karte.

Nach kurzem Studium suchte sie sich eine *Scheurebe* aus und bestellte dazu saure Lunge mit Semmelklößen. Nach Rottmanns Meinung nicht unbedingt eine gelungene Komposition, aber über den kulinarischen Geschmack eines Menschen sollte man nicht streiten. Er selbst wählte ein Paar grobe Bratwürste mit Sauerkraut.

Nachdem die Kellnerin gegangen war, wollte Rottmann gerade mit den vernehmungstechnischen *Warm up* beginnen, als Elvira den Gesprächsfaden an sich riss und gleich das ganze Knäuel mit Schwung ausrollte.

„Ja, Erich, jetzt erzähl mal, wie es dir in den vergangenen Jahren ergangen ist. Wie geht es deiner Frau und deinen Kindern? Man hat ja oft von dir in der Zeitung gelesen. Deine Frau hat doch bestimmt darunter gelitten, dass du so einen gefährlichen Beruf gehabt hast. Sicher ist sie jetzt froh, dass du mehr daheim bist."

Nach dieser Kanonade von mit Fallstricken behafteten Fragen beugte sie sich leicht nach vorne und suchte seinen Blick. Dabei unterstützte sie ihren Eröffnungszug durch die beiläufige Präsentation ihrer weiblichen Waffen.

Zum Glück war Rottmann gegen dieses Ballungszentrum femininer Reize weitgehend gefeit. Er überlegte nur angestrengt, wie er Elvira auf das richtige thematische Gleis setzen konnte, ohne sie zu verärgern.

„Ach, weißt du, mein Beruf hat mir keinen Platz für Frau und Kinder gelassen. Du kannst dir gar nicht vorstellen, wie viele geschiedene Kriminalbeamte es gibt. Heute bin ich ganz froh, dass es so ist, wie es ist. Weißt du, so behält man seine Unabhängigkeit und muss auf niemanden Rücksicht nehmen."

Er hoffte, dass sie diese Botschaft verstanden hatte.

Die Kellnerin unterbrach Rottmanns Ausführungen und stellte die *Scheurebe* vor Elvira auf den Tisch.

„Zum Wohl", wünschte sie und eilte wieder davon.

Rottmann nutzte die unerwartete Zäsur, um das Gespräch in die von ihm gewünschte Richtung zu lenken.

„Jetzt lass uns erst mal anstoßen", schlug Rottmann vor und hob sein Glas. „Zum Wohlsein!"

Sein Gegenüber tat ihm gleich, und die beiden Gläser stießen klangvoll aneinander.

„Sag mal", schlich er sich vorsichtig an sein Thema heran, „Deine Tätigkeit im Rathaus ist doch eine echte Vertrauensstellung. Wie bist du denn da drangekommen? Du gehst schließlich in allen Räumen der Rathausspitze ein und aus."

Elvira schluckte den Köder.

„Da bin ich auch ein wenig stolz drauf. Der Chef unserer Reinigungsfirma hat eines Tages nach einer geeigneten Reinemachefrau gesucht, die bereit war, auch zu ungewöhnlichen Zeiten die Büroräume der Oberbürgermeisterin und anderer Stadträte zu betreuen. Da habe ich mich einfach gemeldet. Ich wurde dann einer Überprüfung unterzogen. Du kennst das ja, polizeiliches Führungszeugnis und so. Dann hatte ich die Stelle."

Diesmal hob sie das Glas und prostete Rottmann zu.

Die Kellnerin kam und stellte die dampfenden Speisen auf den rustikalen Wirtshaustisch. Nachdem sie sich „Guten Appetit" gewünscht hatten, gehörten die nächsten Minuten der Befriedigung menschlicher Grundbedürfnisse, und das Gespräch verstummte.

Ehe Rottmann das Gespräch erneut in die von ihm gewünschte Richtung lenken konnte, kam ihm Elvira überraschend entgegen.

„Weißt du, die ganze Überprüferei ist aber auch notwendig. Du kannst dir gar nicht vorstellen, was man als Putzfrau so alles mitbekommt. Wenn ich aus dem Nähkästchen plaudern würde …"

Rottmann schluckte den Bissen, auf dem er gerade kaute, hinunter und wischte sich mit der Serviette den Mund ab.

„Das kann ich mir gut vorstellen. – Sag mal … hast du eigentlich mitbekommen, was dieser Tobias Klausen im Rathaus für einen Job hatte? Du weißt schon, der junge Mann, den ich vor einigen Tagen vor dem *Grafeneckart* tot aufgefunden habe. Soweit ich hörte, hat er doch ausschließlich für die Oberbürgermeisterin gearbeitet. Weißt du, was er für eine Aufgabe hatte?“

Elvira riss erstaunt die Augen auf und vergaß zu kauen.

„Duuu hast den armen Mann gefunden?“

Rottmann wunderte sich. Offenbar hatte sie von den ganzen Presseveröffentlichungen noch nichts mitbekommen.

„Ja, leider. Obwohl ich früher in meinem Job fast jeden Tag mit Leichen zu tun hatte, war es schon sehr bedrückend, einen Toten zu finden, der sich dann auch noch als ehemaliger Kollege herausstellt.“

„Das habe ich nicht gewusst.“

Elvira war sichtlich betroffen. Langsam legte sie das Besteck zur Seite.

„Entschuldige bitte“, sagte Rottmann, „ich wollte dir nicht den Appetit verderben. Aber du kannst dir sicher vorstellen, dass mir das nicht aus dem Kopf geht. Zumal es gewisse Anhaltspunkte dafür gibt, dass es kein Selbstmord war.“

Sie nickte ernst.

„Ich habe davon gehört, dass er Hand an sich gelegt haben soll. Das konnte ich auch nicht glauben. Er war ein so netter junger Mann. Wenn das stimmt, was du sagst, würde das ja bedeuten …“

Rottmann schob seinen Teller zurück.

„Ja, wir nennen das Fremdeinwirkung. – Eigentlich sollte ich nicht darüber reden, aber ich denke, ich kann mich auf deine Verschwiegenheit verlassen … du musst wissen, ich ermittle in der Sache ein bisschen privat.“

„Aha."

„Ja. Ich habe Klausen ausgebildet, und es ist für mich unerträglich, dass sein guter Ruf so in Mitleidenschaft gezogen wird."

Er nahm einen Schluck von seinem Schoppen. Jetzt kam er zum Knackpunkt des Gesprächs.

„In diesem Zusammenhang kann ich dich gleich mal was fragen. Ist dir in der letzten Zeit vor Klausens Tod etwas Ungewöhnliches aufgefallen? Oder gibt es irgendwelche Gerüchte über den Vorfall? Meistens ist an dem Gerede der Leute doch ein Körnchen Wahrheit. Ich bin für jeden Tip dankbar."

Sein Gast beendete seine Mahlzeit jetzt ebenfalls. Nachdenklich legte sie die Serviette neben den Teller.

„Deinen Fragen nach hast du den Verdacht, dass irgendwer im Rathaus mit dem Tod zu tun hat?"

„Man kann nichts ausschließen", erwiderte Rottmann diplomatisch. „Ganz im Vertrauen, ich habe herausgefunden, dass der Schuss woanders abgegeben wurde. Jedenfalls nicht vor dem *Grafeneckart*, wo ich den Toten gefunden habe."

Elvira Stark nahm einen Schluck Wein, dann fragte sie langsam: „So eine Kugel ... ich meine ... wenn so ein armer Mensch auf sich schießt, bleibt die Kugel dann im Kopf stecken?"

Erich Rottmann wunderte sich, dass die Frau solche unangenehmen Details wissen wollte. Er zögerte einen Moment.

„Na ja, in den meisten Fällen durchschlägt das Projektil den Schädel. Das bedeutet, es gibt zwei ziemlich hässliche Löcher. Ich denke aber, du solltest dir weitere Einzelheiten ersparen."

Elvira überlegte einen Augenblick, dann legte sie ihre Hand auf Rottmanns Handrücken.

„Ich weiß zwar nicht, ob es ganz richtig ist, was ich jetzt tue. Aber ich riskiere es einfach mal. Erich, wenn du willst, kann ich dir etwas zeigen, was dich interessieren könnte."

„Du meinst …“

„Ja, jetzt gleich. Wir müssen dazu allerdings ins Rathaus. Ich habe die Schlüssel an meinem Schlüsselbund.“

Mit einer solchen prompten Reaktion hatte er nicht gerechnet. Rottmann war sich aber sicher, dass Elvira Stark einen besonderen Grund haben musste, um ihm einen solchen Vorschlag zu machen. Das Kribbeln in seinem Körper stellte sich wieder ein.

„Gut“, entschied er. „Ich werde nur schnell zahlen.“

Wenig später waren die beiden auf dem Weg zum Rathaus.

„Wir benutzen einen Seiteneingang.“ Elvira marschierte forsch einen halben Meter vorneweg. Nach Rottmanns Wissen war das in der Türkei durchaus üblich – nur umgekehrt. Öchsle hatte Mühe, Schritt zu halten.

„Fällt das nicht auf, wenn wir um diese Zeit im Rathaus herumlaufen? Ich möchte nicht, dass es Ärger gibt.“

Sie winkte ab.

„Du bekommst von mir eine Arbeitsmontur unserer Firma verpasst, und ich schlüpfe ebenfalls in meine Kittelschürze, dann haben wir immer eine Ausrede. Um diese Zeit sind sowieso nur noch Leute da, die irgendwelche Sitzungen haben. Die kennen das Reinigungspersonal nicht.“

Rottmann fühlte sich trotzdem nicht ganz wohl in seiner Haut. Der Mitarbeiter einer Reinigungsfirma mit einem Hund im Schlepptau – das war sicher nicht sehr glaubwürdig. Er hielt aber seinen Mund, weil er diese Chance, seine Ermittlungen vor Ort durchführen zu können, sicher so schnell nicht wieder bekommen würde.

Rottmann warf verstohlene Blicke zur Seite, aber kein Mensch auf der Straße interessierte sich für das ältere Paar mit Hund, als es das Rathaus betrat.

Die Kühle des alten Gemäuers schlug ihnen entgegen und ließ sie frösteln. Auch Öchsle empfand die ungewohnte Atmosphäre dieser Umgebung und knurrte leise.

„Pass bloß auf, dass der Hund nicht bellt", mahnte Elvira.

Wenig später schloss seine Begleiterin eine kleine Kammer auf. Der konzentrierte Geruch eingelagerter Putzmittel schlug ihm entgegen.

Öchsle verzog sich auf den Flur und legte sich auf die Steinfliesen.

„Hier, zieh das an", verlangte Elvira Stark energisch und drückte ihm einen Blaumann in die Hand, auf dem das Emblem des Reinigungsunternehmens zu erkennen war. „Er müsste eigentlich groß genug sein. Hier hast du noch eine Baseballmütze, wie sie unsere Männer bei der Arbeit tragen."

Rottmann zögerte etwas.

„Soll ich mich hier ausziehen?"

„Nein, natürlich nicht! Das dauert viel zu lange. Zieh das Teil einfach oben drüber!"

Der Blaumann war ein Stück zu lang, dafür klemmte er gewaltig im Umfang. Die Baseballmütze passte auf Anhieb.

„Prima. So erkennt dich kein Mensch." Elvira war mit ihrem Werk höchst zufrieden. Sie hatte mittlerweile ihre Kittelschürze übergezogen und schob gerade einen der hier geparkten rollenden Putzwagen auf den Flur.

„Los, komm", kommandierte sie und schloss die Tür der Kammer. Rottmann und Öchsle folgten ihr auf dem Fuß.

Drei Minuten später standen sie vor der Tür des Büros der Oberbürgermeisterin. Sie waren bis jetzt keiner Menschenseele begegnet.

„Wir können doch nicht einfach so reingehen." Rottmann hatte unwillkürlich die Stimme gesenkt.

Elvira sah ihn von der Seite an.

„Meinst du, dass ich sonst einen schriftlichen Antrag stelle, wenn ich dieses Büro saubermachen will? Wir gehen rein, und wenn jemand da ist, entschuldige ich mich und sage, dass ich später wiederkomme. Normalerweise hat Frau Dr. Beckstein-Mannfeld aber nichts dagegen, wenn ich sauber mache, während sie arbeitet. Sie ist eine nette Frau. Dich stelle ich einfach als Kollegen vor, der mich heute mal unterstützt, weil ich früher weg muss."

Sie hatte den Satz noch nicht beendet, als sie auch schon an die Tür klopfte.

„Niemand da", stellte sie eine Sekunde später fest und betätigte den Türgriff. Tatsächlich, die Tür war abgeschlossen. Nachdem sie aufgeschlossen hatte, trat sie ohne Zögern ein. Den Putzwagen ließ sie auf dem Flur stehen.

Man kann nicht sagen, dass Erich Rottmann Skrupel empfand, als er den Raum betrat, aber ein bisschen angespannt war er schon. Schließlich war es keine Alltäglichkeit, das Büro der Oberbürgermeisterin illegal zu durchsuchen.

Elvira Stark hatte diese Probleme offensichtlich nicht. Ohne Zögern schaltete sie das Deckenlicht ein und winkte Rottmann energisch zu sich. Der gab Öchsle einen knappen Befehl, und der Rüde legte sich brav neben der Tür nieder. Dann folgte ihr Rottmann.

„Warte."

Sie schob einen Sessel der Sitzgarnitur zur Seite und wies auf den Teppich.

„Wie du siehst, ist der Teppich mit einem Klebeband am Boden fixiert. Vor ein paar Tagen merkte ich beim Wischen, dass das Teppichband plötzlich nicht mehr richtig klebte. Ich habe nachgesehen und festgestellt, dass es offenbar jemand vor kurzem an dieser Ecke gelöst und dann wieder angedrückt hat."

Sie schlug den Teppich mit Schwung zurück.

„Anscheinend, um dieses hässliche Loch hier im Parkett zu verstecken. Dieser Jemand hat wohl gedacht, ich würde das nicht merken. Aber Elvira Stark merkt sofort, wenn in den Büros etwas nicht seine Ordnung hat!"

Erich Rottmann hörte nur noch mit halbem Ohr zu. Langsam ließ er sich auf seine Knie herunter. Wie hypnotisiert starrte er auf das dunkle Loch im Holzboden, das einen Durchmesser von ungefähr einem Zentimeter hatte. Er nahm den Teppich in die Hand und prüfte das Material. Elvira hatte recht, das Gewebe war nicht beschädigt. Folglich hatte der Teppich nicht an dieser Stelle gelegen, als das Loch entstand. Als ehemaliger Polizist war er es gewohnt, allzu Offensichtliches in Frage zu stellen. Häufig täuschte der erste Eindruck, und die Wahrheit lag versteckt dahinter. Hier hatte er allerdings keinen Zweifel daran, dass es sich bei dem Loch im Parkett um einen Einschuss handelte. Er hätte um eine ganze Kiste *Spätlese* gewettet, dass unter dem Holzpaneel ein Geschoss vom Kaliber 9 mm Parabellum steckte.

Rottmann ließ den Teppich wieder zurückfallen und richtete sich auf.

„Seit wann genau ist das Loch hier im Boden? Denk nach. Das ist sehr wichtig."

Elvira Stark runzelte die Stirn und dachte laut nach.

„Am Freitagnachmittag habe ich hier gründlich gewischt. Dabei habe ich die Sitzgarnitur zur Seite geräumt. Da war der Teppich noch fest verklebt." Sie lief einige Schritt auf und ab. „Es muss am Dienstag darauf gewesen sein … Ja, ich bin mir völlig sicher. Es war der Dienstag, als ich mit dem Staubsauger durchgegangen bin. Dabei bemerkte ich, dass der Teppich verschiebbar war und entdeckte dann das Loch."

„Kein Zweifel?"

„Kein Zweifel!"

„Das würde passen“, brummelte Erich Rottmann vor sich hin. Laut fragte er dann: „Ist dir hier sonst noch etwas Ungewöhnliches aufgefallen?“

Elvira zögerte einen Augenblick. „Wenn ich mich recht entsinne, war an diesem Tag das Büro nicht abgeschlossen. Das war noch nichts Besonderes, weil unsere gute Oberbürgermeisterin schon hin und wieder mal vergisst abzuschließen, wenn sie geht. Aber von dieser Couch hier fehlte ein Kissen. Und aus dem persönlichen Waschraum der Oberbürgermeisterin, in dem ich in einem eigenen Schrank einige spezielle Reinigungsmittel für die Ledersitzgarnitur aufbewahre, vermisse ich ein Paar rote Gummihandschuhe, die ich immer zum Putzen anziehe.“

Erich Rottmann nahm eines der drei Kissen in die Hand und betrachtete es nachdenklich von allen Seiten. Es war ein Kissen, das mit einem abziehbaren Überzug versehen war.

„Gibt es für diese Kissen Ersatzüberzüge?“

„Ja, in dem Schrank im Waschraum habe ich immer ein paar saubere Ersatzbezüge. Warum willst du das wissen?“

Rottmann reagierte nicht auf die Frage.

„Kannst du mir einen dieser Überzüge überlassen? Ich würde gerne einige Untersuchungen machen lassen.“

Elvira Stark brannten zahlreiche Fragen auf den Lippen, sie beherrschte sich aber. Sie fühlte, dass der ehemalige Jugendfreund in sehr angespannter Stimmung war. Wortlos ging sie auf die Längswand zu und öffnete eine schmale Tür, die dort unauffällig zwischen zwei Wandregalen eingebaut war. Einen Augenblick später kam sie mit einem zusammengelegten Stück Stoff zurück.

„Wiedersehen macht Freude!“, sagte sie und drückte Rottmann den Überzug in die Hand.

„Das kann etwas dauern“, gab dieser zurück. „Ich will, wie gesagt, ein paar Laboruntersuchungen anstellen lassen.“

Nun konnte Elvira doch nicht länger an sich halten. „Mein Gott, jetzt mach halt mal eine Andeutung, was du vermutest. Dann kann ich dich auch besser unterstützen. Diese Geheimniskrämerei macht einen ja wahnsinnig!“

Rottmann verdrehte genervt die Augen.

„Was ich hier mache, ist absolut illegal. Wenn herauskommt, dass ich das Büro der Oberbürgermeisterin durchsucht habe, komme ich in Teufels Küche. Zumal, wie ich vermute, es sich hier um einen Tatort handelt.“

„Du meinst, dieser junge Mann wurde hier ...?“ Sie schaute zu der Stelle, wo sich das Loch im Boden befand.

Rottmann sah sie streng an.

„Wenn du über meine Vermutung nur ein Wort zu irgend jemand verlauten lässt, sind wir beide dran! Ich hoffe, ich kann mich auf dein Stillschweigen verlassen!“

„Ich werde schweigen wie ein Grab!“, versicherte Elvira Stark im Brustton der Überzeugung und legte ihre Hand an die Stelle, wo ihr Herz schlug.

Rottmann stopfte den Stoff unter den Latz seines Blaumanns. „Wir müssen zusehen, dass wir wieder von hier verschwinden. Vorerst habe ich genug gesehen.“

Mit einem Rundblick überzeugte er sich davon, dass sie keine verräterischen Spuren hinterlassen hatten und gab Elvira ein Zeichen. Sie öffnete die Tür und spähte auf den Flur hinaus. Dann winkte sie Rottmann zu. Herr und Hund huschten hinaus, und Elvira Stark schloss die Tür wieder ab. Plötzlich begann Öchsle zu knurren. Sein feines Gehör hatte ein winziges Geräusch vernommen.

„Psscht!“, zischte Rottmann ärgerlich, worauf der Hund wieder verstummte.

Schweigend schoben sie den Rollwagen über den Flur, um sich in der Besenkammer von der Arbeitskleidung zu befreien.

Zehn Minuten später standen die drei wieder auf der Straße.

Jetzt hatte es Rottmann plötzlich sehr eilig. Er brachte seine Helfershelferin zum Taxistand an der *Alten Mainbrücke* und verabschiedete sich von ihr – nicht, ohne ihr nochmals das Versprechen absoluten Stillschweigens abgenommen zu haben.

Elvira Stark war von dem plötzlichen Ende des romantischen Abends etwas enttäuscht. Sie hatte sich den Ausklang etwas anders vorgestellt, ließ sich aber nichts anmerken. Immerhin teilten sie und Rottmann jetzt ein Geheimnis. So etwas verband. Sicher würde es nicht schwer sein, ihn zu einem weiteren Treffen zu überreden. Beim Davonfahren winkte sie durch die Heckscheibe.

Als Erich Rottmann einen Augenblick später grübelnd die Stufen von der *Alten Mainbrücke* zum Fluss hinunterstieg, hatte er Elvira Stark schon vergessen. Seine rechte Hand war um das Stück Stoff gekrallt, als handele es ich um einen Schatz.

Der Jäger bevorzugte Büroarbeit in den späten Abendstunden. Das Personal war gegangen, das Telefon blieb stumm, und man konnte sich ausgezeichnet konzentrieren. Er hatte sich gerade wieder einmal an seiner Trophäensammlung ergötzt, gewissermaßen als Motivationsschub für die bevorstehende trockene Arbeit, als er auf dem Flur ein Geräusch hörte. Er kannte das typische Rollgeräusch der Putzwagen. Da es aus der Richtung IHRES Büros kam, stand er auf, löschte die Zimmerbeleuchtung, öffnete vorsichtig die Tür einen Spalt und sah hinaus. So konnte er gerade noch einen Blaumann sehen, der durch die Tür des Büros der Oberbürgermeisterin verschwand. Vor der Tür stand ein Putzwagen.

Er schaute auf seine Armbanduhr. Es war ihm bekannt, dass Frau Stark, die auch sein Büro reinigte, andere Arbeitszeiten hatte als das übrige Putzgeschwader. Daher maß er seiner

Beobachtung keine besondere Bedeutung bei. Er schloss die Tür, schaltete das Licht wieder ein und setzte sich zurück an seinen Schreibtisch. Vermutlich würde sie irgendwann auch bei ihm hereinschauen. Er überzeugte sich davon, dass die spezielle Schublade verschlossen war. Dabei fiel sein Blick auf seinen Papierkorb. Er stutzte. Merkwürdigerweise war er leer. Er wusste aber genau, dass er heute Nachmittag einige zerrissene Schriftstücke und einen Apfelputzen hineingeworfen hatte. Wenn der Abfall heute aber schon beseitigt worden war, warum wurde jetzt erst das Büro der Oberbürgermeisterin gereinigt?

Selbstverständlich konnte es dafür viele harmlose Gründe geben, aber es brauchte nicht viel, um sein Misstrauen zu wecken. Langsam stand er wieder auf, machte erneut dunkel, damit kein Licht auf den Flur fiel und öffnete seine Bürotür einen kleinen Spalt breit. Auf diese Art und Weise würde er mitbekommen, wenn die Putzfrau wieder aus dem bewussten Büro herauskam.

Seine Geduld wurde auf eine harte Probe gestellt. Er lauschte, konnte aber keine Geräusche hören, die auf eine Reinigungstätigkeit schließen ließen. Sie kam auch nicht, wie sonst üblich, heraus, um den Papierkorb in den Abfallsack zu leeren.

Als er schon überlegte, ob er mal nach dem Rechten sehen sollte, öffnete sich die Tür wieder, und Frau Stark kam heraus. Sie war aber nicht allein.

Es entfuhr ihm ein kaum hörbarer Ton der Überraschung. Das musste der Hund gehört haben, der in Begleitung eines korpulenten Mannes in blauem Reinigungsdress auf den Flur hinausschlüpfte. Das Tier begann zu knurren, was der Mann allerdings sofort unterband.

Als der Rollwagen in die andere Richtung geschoben wurde, schloss der Jäger wieder seine Bürotür. Betroffen lehnte er sich gegen den Türrahmen. Er war bleich, und sein Atem ging hastig. Er kannte den Hund, und er wusste, wer sein Herr war! Schlagartig läuteten bei ihm sämtliche Alarmglocken. Die Tatsache, dass dieser pensionierte Bulle in dieser merkwürdigen Verkleidung im Zimmer der Oberbürgermeisterin herumschnüffelte, traf ihn wie ein Blitz. Es war sehr unwahrscheinlich, dass dieser Mensch plötzlich bei einem Reinigungsdienst arbeitete, um seine Pension aufzubessern.

Als das Rollgeräusch des Wagens verklungen war, verließ der Jäger sein Büro und hastete leise über den Flur. Von einem bestimmten Fenster aus konnte man den Ausgang einsehen, den das Reinigungspersonal gewöhnlich benutzte. Er musste sich absolute Gewissheit verschaffen.

Zehn Minuten später waren alle Zweifel beseitigt. Er sah Erich Rottmann mit Hund und Elvira Stark das Rathaus verlassen.

Für heute war er nicht mehr in der Lage, sich auf seine Arbeit zu konzentrieren. Auf den Fingernägeln kauend, saß er in seinem dunklen Büro und grübelte. Die Polizei war bisher sehr zurückhaltend mit dem Fall umgegangen. Offenbar ermittelte die Mordkommission immer noch im Umfeld des Getöteten.

Was aber hatte dieser Rottmann dabei zu schaffen? Ermittelte er auf eigene Faust? Wenn das der Fall war, verfolgte er offensichtlich eine Spur, die ins Rathaus führte. Das gefiel dem Jäger gar nicht. Er musste dafür Sorge tragen, dass der alte Schnüffler möglichst schnell aus dem Verkehr gezogen wurde.

„Wenn es dir recht ist, lasse ich dir den Stoff per Fahrradkurier zukommen, das geht am schnellsten."

Rottmann telefonierte mit Meyer von der Rechtsmedizin. Noch im Schlafanzug hatte er den Präparator angerufen und ihn gebeten, den Stoff des Kissenüberzugs mit den Gewebefasern zu vergleichen, die man bei der Obduktion in der

Schädelwunde von Tobias Klausen gefunden hatte. Meyer sagte eine vorläufige Untersuchung zu, damit man einen groben Anhaltspunkt hatte. Eine wissenschaftlich fundierte Untersuchung, damit der Stoff als Beweismittel vor Gericht dienen konnte, würde man dann später vom Landeskriminalamt durchführen lassen müssen.

Eine halbe Stunde später, Rottmann hatte sich zwischenzeitlich in einen zivilisierteren Bekleidungszustand versetzt, läutete der Bote schon an. Rottmann hatte den Stoffüberzug in einen wattierten Umschlag gegeben und diesen ohne Anschreiben verklebt. Groß schrieb er mit Filzstift „Institut für Rechtsmedizin, Herrn Präparator Meyer persönlich" darauf.

Der junge Mann im engen Fahrraddress warf einen prüfenden Blick auf die Adresse, dann sah er Rottmann mit schiefem Blick an.

„Sind da irgendwelche Leichenteile drin? Ich hoffe nicht, dass da plötzlich Maden rauskrabbeln."

Rottmann lachte.

„Keine Angst. – Herr Meyer soll den Empfang des Päckchens persönlich quittieren."

Der Bote steckte den Umschlag in seinen wasserdichten Rucksack, dann rannte er die Treppe hinunter. In einer halben Stunde würde Meyer das Päckchen in Händen halten.

Erich Rottmann verließ die Wohnung, um mit Öchsle Gassi zu gehen. Beim Spaziergang dachte er nach.

Es war offensichtlich, dass der Tod von Tobias Klausen nur im engeren Dunstkreis der Oberbürgermeisterin aufzuklären war. Konnte es sein, dass das Stadtoberhaupt persönlich in die Angelegenheit verstrickt war? Er war sich fast hundertprozentig sicher, dass die Analyse des Kissenüberzugs eine Übereinstimmung mit den Fasern aus der Wunde ergeben würde. Was sollte er jetzt tun? Während Öchsle mit einer

Hundedame Bekanntschaft suchte, focht der *Terrier* einen inneren Kampf aus. Als ehemaliger Kriminalbeamter wäre es seine Pflicht gewesen, seinen Nachfolger im Amt vom Ergebnis seiner Ermittlungen zu verständigen. Es gab allerdings wenig, was ihm noch mehr widerstrebte, als diesem arroganten Heini die Steigbügel zu halten. Es war typisch für Krämer, dass er bei seinen Ermittlungen zunächst einmal die Richtung ausließ, die ihm Ärger bereiten konnte. Es wäre seiner Karriere sicher nicht dienlich, wenn er gegen das Stadtoberhaupt ermittelte, ohne einen triftigen Grund zu haben.

Erich Rottmann hatte diese Probleme nicht. Trotzdem musste er sich seine nächsten Schritte gut überlegen. Und wo konnte man das am besten? Er pfiff Öchsle, drehte um und marschierte entschlossen stadteinwärts. Seine grauen Zellen bedurften dringend der Unterstützung durch einen guten Frühschoppen. Dazu ein ordentliches Stück geräucherten Bauernschinken und ein frisches Brot. Er spürte schon jetzt, dass seine Entscheidungsfreudigkeit allein durch diese Vorstellung deutlich anstieg.

Als er den *Maulaffenbäck* betrat, nickte ihm Anni freundlich zu. Ein Blick auf Rottmanns Gesicht sagte ihr, dass er seinen Grant von gestern vergessen hatte. Wie immer bekam Öchsle von ihr zunächst seine Streicheleinheiten.

Heute war das Lokal schon ziemlich gefüllt. Aus dem Hinterzimmer hörte er lautes Stimmengewirr. Ihm fiel ein, dass heute das allmonatliche Treffen der *Pleicher Weckfräli* war, ein munterer Stammtisch noch munterer Seniorinnen aus der Pleich. Männer waren bei diesem Treffen nicht erwünscht. Vermutlich hätte ihre Überlebenschance in diesem speziellen Biotop auch bei Null gelegen.

Am Stammtisch der *Schoppenfetzer* saßen bereits Dr. Ritter, Ron Steiner und Ludger Fuchs. Als sie Rottmann sahen, hoben sie ihre Gläser zum Gruß. An der Wangenfarbe von Dr. Ritter konnte Rottmann mit Kennerblick sehen, dass er bereits „Betriebstemperatur" erreicht hatte. Ein Umstand, den er sich beim Frühschoppen nur erlaubte, wenn seine bessere Hälfte „aushäusig" war, wie er sich auszudrücken pflegte.

„Setz dich zu uns, Erich", tönte Ritter etwas lauter als notwendig und wies mit der Hand auf die Bank.

Rottmann ließ sich nicht lange bitten. Öchsle verkrümelte sich wie immer an seinen Stammplatz unter seinem Herrn. Nachdem Erich Rottmann bei Anni einen *Rotling* und eine Schinkenplatte geordert hatte, wandte er sich seinen Stammtischbrüdern zu.

„Na, meine Herren, was gibt's Neues?"

„Seht euch diese Scheinheiligkeit an", zischelte Ron Steiner. „Ich habe gehört, dass du mit einer äußerst passablen weiblichen Erscheinung im Stachel zumindest lokalitätsmäßig fremdgegangen sein sollst."

„Ersteres wäre ja durchaus zu verstehen", mischte sich Dr. Ritter mit übertrieben ernster Miene ins Gespräch ein, „schließlich hat auch der Herbst schöne Tage, und niemand sagt, dass man sie unbeweibt verbringen muss. Wenn allerdings ein Mitglied dieses honorigen Stammtisches seine frühsommerlichen Hormonschübe zum Anlass nimmt, diese außerhalb unseres Stammlokals auszuleben …"

„… muss es für unsere verwundeten, empfindsamen Seelen eine gewisse Wiedergutmachung leisten", vollendete Ludger Fuchs den Satz.

Die drei Herren saßen plötzlich steckensteif am Tisch und fixierten Stammtischbruder Rottmann mit dem durchdringenden Blick von Großinquisitoren.

Der Ertappte stieß einen innerlichen Fluch aus. Diese Stadt war wirklich schlimmer als ein Dorf.

Dabei hatte er beim Betreten des Lokals so aufgepasst!

„Tja, lieber Schoppenfetzer Erich", fuhr Dr. Ritter fort, „die Beweislage ist klar. Unser Stammtischbruder Xaver Marschmann hat dich beim Verlassen des Lokals gesehen. Deine schuldbewusste Miene spricht im übrigen Bände. *Schoppenfetzer* Rottmann …"

Erich Rottmann unterbrach ihn. „Gut, gut, mea culpa, meine Herren, beim nächsten Stammtisch spendiere ich zum Trost fünf Bocksbeutel *Spätlese*."

Schlagartig fielen die drei Stammtischbrüder wieder in ihren lockeren Tonfall zurück. Die Verwundung der Seelen konnte also nicht allzu tief gewesen sein.

Fuchs beugte sich nach vorne.

„Jetzt erzähl schon, Erich, wer ist die Auserwählte?" Es war offensichtlich, dass die drei Herren vor Neugier brannten.

Rottmann machte eine nichtssagende Handbewegung und neutralisierte diese wiederum durch ein vielsagendes Grinsen.

„Meine Herren, ihr wisst doch, der Kavalier genießt – und schweigt."

Die folgenden Minuten versuchten die drei, Informationen aus Rottmann herauszuholen. Als sie allerdings merkten, dass ihre Verhörmethoden sinnlos verpufften, wandten sie sich enttäuscht anderen Themenbereichen zu.

Solange Erich Rottmann seine Schinkenplatte verzehrte, konnte er sich gedanklich aus den Gesprächen ausklinken. Als er den letzten Bissen des Schinkens mit einem ordentlichen Schluck Wein hinunterspülte und dabei noch einmal mit halbgeschlossenen Augen die vollendete Komposition aus würzigem, sanft geräuchertem Schinken und leichter Säure des kühlen *Rotlings* auskostete, stand sein Entschluss fest. Er musste unter allen Umständen so schnell wie möglich mit der Oberbürgermeisterin sprechen.

Als Rottmann zwei Stunden später seine Wohnung betrat, waren zwei Anrufe auf dem Anrufbeantworter. Zuerst meldete sich die Stimme von Meyer aus der Rechtsmedizin.

„Hallo Erich, ich habe den Stoff des Kissenbezugs mit den Fasern aus der Kopfwunde vergleichen lassen. Unsere Chemikerin sagt, dass das Material mit an Sicherheit grenzender Wahrscheinlichkeit identisch ist. Sie wird aber noch weitergehende Untersuchungen machen. Ich informiere dich, sobald ich mehr weiß. Servus."

Der nächste Anrufer fasste sich sehr kurz.

„Hier spricht Krämer. Rufen Sie mich bitte zurück!"

Als Erich Rottmann den harschen Befehlston seines Amtsnachfolgers hörte, stieg ihm schon wieder der Kamm. Er überlegte kurz, ob er den Anruf einfach ignorieren sollte, dann wählte er aber doch die bekannte Nummer im Präsidium. Vielleicht war die Angelegenheit doch wichtig.

Er erreichte Krämer sofort. Der Leiter der Mordkommission hielt sich nicht lange mit Vorreden auf.

„Mir wurde mitgeteilt, Herr Rottmann, dass Sie in Sachen Klausen private Ermittlungen betreiben. Ich möchte Sie in aller Form darauf aufmerksam machen, dass Sie sich im Ruhestand befinden und keinerlei Amtskompetenzen mehr haben. Ich ersuche Sie daher nachdrücklich, jede Art von Hobbydetektivarbeit zu unterlassen. Sollten Sie sich nicht an meine Anweisungen halten, werde ich disziplinarisch gegen Sie vorgehen. Sie wissen sicher, dass sich auch ein Ruhestandsbeamter an die Regeln zu halten hat. Ich denke, wir haben uns verstanden!"

Grußlos legte Krämer auf.

Erich Rottmann stieß einen wenig gesellschaftsfähigen Fluch aus und knallte den Hörer auf die Ladestation. Der Kerl konnte ihn mal kreuzweise …

Als er sich wieder etwas beruhigt hatte, überlegte er, woher Krämer wohl seine Informationen hatte. Er konnte sich nicht vorstellen, dass Deichler geredet hatte.

Oberbürgermeisterin Dr. Ria-Magdalena Beckstein-Mannfeld marschierte erregt in ihrem Amtszimmer auf und ab. Erst seit drei Jahren im Amt, hatte sie noch nicht die ausgefuchste Routine ihres Amtsvorgängers, der Probleme schon mal gerne aussaß beziehungsweise an sich abtropfen ließ. Diese Eigenschaften hatten sich zum Ende seiner letzten Amtsperiode derartig verfestigt, dass die Bürger zu der Auffassung gekommen waren, er solle diese Charaktereigenschaften lieber am heimischen Herd pflegen. Bei der letzten Wahl gab ihr das Wahlvolk dann diese Chance. Als Hoffnungsträgerin ihrer Partei hatte schließlich Rialena, wie Dr. Beckstein-Mannfeld von ihren Freunden genannt wurde, als krasse Außenseiterin überraschenderweise gegen durchaus starke männliche Konkurrenten den Bürgermeistersessel von Würzburg errungen. Mit ihren knapp fünfunddreißig Jahren war sie die erste und noch dazu ausgesprochen attraktive Oberbürgermeisterin der Frankenmetropole.

Dank einer günstigen genetischen Konditionierung war sie über all die Jahre schlank und fit geblieben. Wobei es ihr eine Körpergröße von über 1 Meter 80 ermöglichte, auf die meisten ihrer Gesprächspartner herabsehen zu können. Sie hatte stahlblaue Augen, die einen markanten Kontrast zu ihrem schwarzen Haar bildeten, das sie hinten zu einem trendsettigen Knoten zusammengefasst trug. Sie bevorzugte gedeckte Hosenanzüge und hochgeschlossene Blusen – Ausdruck eines einer Bischofsstadt gerecht werdenden Konservatismusses. Verheiratet war sie mit einem Diplom-Mathematiker. Die Erfüllung eines Kinderwunsches war dem Ehepaar bisher versagt geblieben.

Rialena warf einen Blick aus dem Fenster. Düstere Wolken kündigten ein Gewitter an und verdunkelten den Himmel. Ihre Stimmung entsprach der Wetterlage. Sie wandte sich den anderen beiden Personen im Raum zu.

„Renate, können Sie mir bitte sagen, wie es nach diesem schrecklichen Selbstmord von Tobias Klausen weitergehen soll? Das ist eine schreckliche Tragödie! – Ich habe den Jungen wirklich gemocht."

Sie verstummte schmerzlich berührt.

Während das Stadtoberhaupt nervös herumlief, saß ihre persönliche Referentin vor ihrem Schreibtisch und starrte auf die Papiere, die sie auf dem Schoß liegen hatte, als könne sie dort die Antwort auf all die Fragen finden, die ihre Chefin auf sie abfeuerte.

Neben ihr saß schweigend der Fraktionsvorsitzende Arnulf Kohlmeißel und hatte die Arme vor der Brust verschränkt. Er schwieg.

Die Oberbürgermeisterin wechselte abrupt zu dem Thema, das der Anlass für diese Besprechung war.

„Dieses Schwein – ihr wisst, von wem ich spreche, aber anders kann ich diesen Perversling nicht nennen – wird immer dreister. Gestern ist er sogar in mein Haus eingedrungen und hat mir Wäsche gestohlen. Auch mein Büro hier im Rathaus ist nicht vor ihm sicher, und ich wette, dass er mich sogar auf der Straße verfolgt. Ich habe wirklich Angst. Jeden, der mich länger als eine Sekunde ansieht, habe ich im Verdacht. Ich bin schon völlig paranoid!" Ihre Stimme hatte einen ungewohnt schrillen Beiklang bekommen.

„Es ist doch nur eine Frage der Zeit, bis die Medien von der Angelegenheit Wind bekommen. Dann können wir uns auf etwas gefasst machen. Ich habe wirklich keine Lust darauf, dass meine entwendete Unterwäsche Gegenstand von Schlagzeilen wird! Es gibt für einen Politiker nichts Schlimmeres, als der Lächerlichkeit preisgegeben zu sein."

Renate Drossbach blickte von ihren Papieren hoch.

„Ich habe vor einigen Stunden mit dem Polizeidirektor gesprochen. Sie bekommen für die nächste Zeit Polizeischutz. Ihr Haus wird ab morgen Tag und Nacht von einer Zivilstreife bewacht werden. Sie bekommen auch wieder Personenschutz. Das Problem ist nur, dass erst die Umstände von Tobias Klausens Tod geklärt sein müssen. Dieser … merkwürdige Tod hat in Polizeikreisen ziemlichen Wirbel ausgelöst."

Auch Renate Drossbach zeigte bei der Erwähnung des Toten tiefe Betroffenheit. Nur mühsam gewann sie ihre Fassung zurück.

Kohlmeißel meldete sich zum ersten Mal zu Wort. Als er sprach, hatte seine Stimme einen väterlichen Ton. „Rialena, du musst unter allen Umständen die Nerven behalten. Vor allen Dingen darf der Inhalt derartiger Gespräche nicht nach draußen dringen. Das gäbe, wie du richtig bemerkt hast, einen fürchterlichen Skandal." Er warf der persönlichen Referentin dabei einen bedeutungsvollen Seitenblick zu. „Meines Erachtens steckt hinter dieser Schweinerei ein Mitglied der Opposition. Ich kann mir auch gut vorstellen, wer dafür in Frage kommt …"

Die Oberbürgermeisterin schnitt ihm mit einer Handbewegung das Wort ab. „Arnulf, wir können es uns nicht erlauben, ohne Beweise Menschen zu verdächtigen. Zumal ich mir wirklich nicht vorstellen kann, dass der, den du meinst, zu so etwas imstande wäre."

Der Fraktionsvorsitzende zuckte mit den Schultern. „Wenn du meinst … Aber wer kann schon in einen Menschen hineinsehen?"

Die Oberbürgermeisterin trat hinter ihren Schreibtisch und

schloss eine Akte, an der sie gearbeitet hatte.

„Herrschaften, ich werde für heute Schluss machen. Gehen Sie auch nach Hause. Ich habe das unschöne Gefühl, dass uns noch schlimme Zeiten bevorstehen."

„Soll ich dem Fahrer Bescheid sagen, dass er Sie nach Hause fährt?", wollte Frau Drossbach wissen.

Die Oberbürgermeisterin schüttelte den Kopf. „Ich bin heute selbst gefahren. Sagen Sie ihm aber bitte, dass er mich morgen um sieben Uhr 30 zu Hause abholen soll. Ich habe um neun Uhr einen Termin mit dem Landrat."

Die persönliche Referentin wünschte eine gute Nacht und verließ das Büro. Kohlmeißel hob grüßend die Hand und folgte ihr.

Rialena holte sich ihre Handtasche von der Couch und suchte nach ihrem Autoschlüssel. Wenig später verließ sie das Büro.

Als sie die Treppe hinuntereilte, wäre sie fast mit Stadtrat Nabenschlager zusammengestoßen. Sie wechselte einige belanglose Sätze mit ihm, dann eilte sie weiter.

Nabenschlager sah ihr mit undurchdringlicher Miene hinterher. Er hatte es noch nicht verwunden, dass er von dieser jungen Frau beim Rennen auf den Oberbürgermeistersessel geschlagen worden war. Trotzdem musste er anerkennen, dass sie eine attraktive Frau war. Sein Blick war durchaus hormonell motiviert.

Die Oberbürgermeisterin genoss das Privileg eines eigenen Parkplatzes. Sie setzte sich in ihren Kleinwagen, den sie, wenn sie selbst fuhr, der großen Dienstlimousine vorzog. Ein Blick zum Himmel sagte ihr, dass es wohl nicht mehr lange dauern würde, bis ein gewaltiger Regenguss auf die Stadt niedergehen würde.

Als sie in ihre Wohnstraße einbog, schüttete es schon derart, dass sie kaum noch durch die Windschutzscheibe sehen konnte. Die Scheibenwischer kapitulierten vor den Wasserfluten. Vor dem Wartehäuschen der Buslinie gegenüber ihrem Anwesen hielt sie kurz an, um mittels Fernbedienung das Tor zur Garage zu öffnen. Während sie im Handschuhfach nach dem kleinen Sender suchte, wurde plötzlich die Beifahrertür aufgerissen und eine massige Gestalt warf sich neben sie auf den Beifahrersitz. Gleichzeitig huschte ein kleiner Schatten mit herein und ließ sich im Fußraum nieder.

Erschrocken wich die Oberbürgermeisterin bis zur Fahrertür zurück. Dabei hob sie abwehrend die Hände.

„Guten Abend, Frau Oberbürgermeisterin", sagte der Mann, „entschuldigen Sie bitte den Überfall, aber, wenn ich erst höflich um Einlass gebeten hätte, wäre ich von dem Wasserfall draußen weggeschwemmt worden."

Wie ein in die Enge getriebenes Tier starrte die Frau den Eindringling an.

„Was … was wollen Sie von mir?"

Ihre Stimme war schrill und überschlug sich fast.

Erich Rottmann wischte sich mit der Hand das Wasser aus dem Gesicht und streifte sich sein triefendes Haar zurück.

„Mein Name ist Rottmann. Erich Rottmann. Frau Oberbürgermeisterin, bitte entspannen Sie sich, ich habe keine bösen Absichten. Und mein Hund hier", er deutete auf Öchsle, der wie eine gebadete Maus aussah und sich auf der Fußmatte eng an die Hosenbeine seines Herrn drückte, „ist mindestens genauso brav wie ich."

Er machte den Versuch, durch ein Lächeln der Frau etwas die Verkrampfung zu nehmen.

„Es ist nur so, dass ich Sie unbedingt sprechen muss. Leider war es mir nicht möglich, bei Ihnen einen Gesprächstermin zu bekommen. Ihr Vorzimmerzerberus … oder ist die weibliche Form Zerbera? … naja, egal, jedenfalls hat sie mich nicht zu Ihnen vorgelassen."

Die Oberbürgermeisterin ließ die Hände auf das Lenkrad sinken, blieb aber weiter angespannt. Sie gab sich Mühe, ihrer Stimme keine Panik anmerken zu lassen. Noch immer wusste sie nicht, ob sie die Situation als harmlos einstufen konnte. Allerdings klingelte bei dem Namen Rottmann in ihrem Hinterkopf eine leise Glocke. Irgendwo hatte sie den Namen schon einmal gehört.

„Was wollen Sie?", fragte sie knapp.

Rottmann starrte auf die Regenströme, die über die Frontscheibe stürzten.

„Das ist leider mit ein paar Sätzen nicht zu erklären. Ich muss mit Ihnen über Tobias Klausen und dessen mysteriösen Tod sprechen."

Er merkte, dass sich die Frau plötzlich wieder verkrampfte.

„Was haben Sie mit dem Tod dieses Mannes zu tun?"

Rottmann rutschte sich auf dem Sitz zurecht. Der nasse Stoff seiner Hosenbeine klebte unangenehm auf der Haut.

„Ich will Ihnen reinen Wein einschenken", begann er dann, „muss Sie aber dringend bitten, vorerst über die Angelegenheit Stillschweigen zu bewahren, sonst bekommen wir die Wahrheit niemals heraus."

Dr. Beckstein-Mannfeld spürte, dass ihre Angst langsam von einem gewissen Interesse abgelöst wurde. Sie spürte die positive Ausstrahlung des Mannes.

Plötzlich begann der Hund im Fußraum zu niesen.

„Hat er sich erkältet?", fragte sie spontan. Das Anachronistische ihrer Frage in dieser absolut merkwürdigen Situation wurde ihr erst bewusst, als sie die Frage bereits ausgesprochen hatte.

„Glaub ich nicht“, wich auch Rottmann von seinem eigentlichen Thema ab. „Ich vermute eher, dass er auf Ihr Parfüm reagiert. – Aber wenn Sie gestatten, komme ich zur Sache.“

„Reden Sie.“

„Wenn Sie sich vielleicht an die Presseberichte erinnern: Ich bin der pensionierte Polizeibeamte, der die Leiche von Tobias Klausen am *Grafeneckart* gefunden hat.“

Bei Dr. Beckstein-Mannfeld fiel der Groschen. Sofort entspannte sie sich.

Rottmann bemerkte es, ging aber nicht darauf ein. Er musste ihre Überraschung ausnützen, um einige Fragen zu klären, bevor die Frau ihn aus dem Auto warf.

Er erzählte ihr kurz, warum er in der Angelegenheit ermittelte, dann kam er zum Kern.

„Ich erzähle Ihnen sicher keine Neuigkeit, wenn ich Ihnen sage, dass Klausen nach wie vor im Polizeidienst stand. Das Landeskriminalamt hat Ihnen diesen Mann zugeteilt, weil Sie offenbar Bedarf für besonderen Schutz haben.“

Ohne die Rathauschefin anzusehen, registrierte er aus den Augenwinkeln, dass ihm ihre Körpersprache recht gab. Deshalb fuhr er auch gleich fort.

„Nach meinen Erkenntnissen hat der Mann den Kopfschuss nicht an der Fundstelle erlitten. Er ist eindeutig nach seinem Tod bewegt worden. Bitte regen Sie sich nicht auf, wenn ich Ihnen jetzt sage, dass ich bereits die Möglichkeit hatte, in Ihren Amtsräumen zu ermitteln. Dabei habe ich herausgefunden, dass Tobias Klausen mit hoher Wahrscheinlichkeit den Kopfschuss in Ihrem Büro erhalten hat.“

Er verstummte, um die Nachricht einwirken zu lassen. Absichtlich sagte er ihr nichts davon, dass Klausen beim Empfang der Kugel bereits tot war.

Die Oberbürgermeisterin war, wie erwartet, geschockt. Das

Blut wich aus ihrem Gesicht, und sie sah Rottmann verständnislos an. Es dauerte einen Augenblick, bis sie die Bedeutung von Rottmanns Aussage kapiert hatte und sie reagieren konnte.

„Wollen Sie mir etwa unterstellen, dass ich etwas mit dem Tod dieses bedauernswerten Menschen zu tun habe?"

Rottmann schüttelte den Kopf.

„Das sicher nicht. Trotzdem befindet sich im Parkettfußboden Ihres Büros ein Loch, bei dem es sich höchstwahrscheinlich um ein Einschussloch handelt. Außerdem wurden in der Schusswunde des Toten Fasern gefunden, die mit dem Stoff der Kissenbezüge auf Ihrer Bürocouch übereinstimmen. Es gibt also Vorgänge in Ihrem Haus, die der Klärung bedürfen."

Man konnte die zunehmende Betroffenheit der Politikerin deutlich spüren.

„Das … das kann ich mir einfach nicht vorstellen. Was wollen Sie andeuten? Ich verstehe das alles nicht. Wie sind Sie überhaupt in mein Büro gekommen?"

Auf die letzte Frage ging Rottmann nicht ein. Er legte gleich nach.

„Jetzt sage ich Ihnen noch etwas. Tobias Klausen ist gar nicht an der Schussverletzung verstorben. Er erlitt einen anaphylaktischen Schock aufgrund einer bei ihm vorhandenen massiven Allergie gegen Wein. Nach meiner Theorie muss er in Ihrem Büro auf irgendeine Art und Weise Wein zu sich genommen haben. Da er von seiner Allergie wusste und entsprechend lebte, besteht der Verdacht, dass ihm der Wein zugeführt wurde, ohne dass er es merkte. An dem Schock ist er dann gestorben. Später wurde ihm auch noch aus unerfindlichen Gründen durch den Kopf geschossen. Er selbst war ja dazu nicht mehr in der Lage. Motiv und Täter sind bisher unbekannt."

„Das ist ja der totale Wahnsinn! Wie kann so etwas geschehen, ohne dass ich etwas davon mitbekommen habe?“

Erich Rottmann wartete einen Moment, damit sie diese Nachricht etwas verdauen konnte, dann fuhr er fort.

„Auf diese Frage habe ich allerdings im Augenblick auch noch keine Antwort. Es klingt alles sehr abwegig und konstruiert, das gebe ich zu.

Sagen Sie mir bitte, warum Ihnen Tobias Klausen vom Landeskriminalamt zugeteilt worden war? Ich vermute, dass dort der Schlüssel zu dem Problem zu finden ist.“

Man konnte sehen, dass Dr. Beckstein-Mannfeld mit sich kämpfte. Schließlich hatte sie sich entschieden.

„Gut, Vertrauen gegen Vertrauen. Etwa ein halbes Jahr nach meiner Wahl zur Oberbürgermeisterin hatte ich das Gefühl, dass ich von jemandem beobachtet wurde. Das war zunächst nur ein vager Verdacht, bis ich zum ersten Mal merkte, dass mir aus meinem privaten Bereich persönliche Gegenstände entwendet wurden.“

Rottmann hatte das kurze Zögern beim letzten Satz nicht überhört. Sofort fragte er nach.

„ … persönliche Gegenstände? Welcher Art?“

„Nun ja, sehr persönliche Sachen! – Unterwäsche. Ausschließlich getragene Unterwäsche.“

Rottmann zog die Augenbrauen in die Höhe.

„Dieser Typ, ich unterstelle mal, dass es sich um einen männlichen Täter handelt, ist in mein Privathaus eingedrungen, um Dessous mitgehen zu lassen. Er hat sich dabei keinerlei Mühe gegeben, seine Tätigkeit zu verschleiern. Im Gegenteil. Als Zeichen seiner Anwesenheit hat er mir jedes Mal einen Fichtenzweig zurückgelassen.

Irgendwann habe ich mich dann an unseren Parteivorsitzenden gewandt und um Hilfe gebeten. Der informierte sich über seine Verbindungen zur Polizei und teilte mir mit, dass ich wahrscheinlich Opfer eines sogenannten *Stalkers* bin. Ein Begriff, den ich natürlich schon gehört hatte, mit dem ich aber nichts Konkretes anfangen konnte. Jetzt weiß ich, dass das kranke Typen sind, die Frauen verfolgen. Sie wollen dadurch Macht über ihre Opfer ausüben. Eines Tages wurde mir Tobias Klausen als Personenschützer vom Landeskriminalamt zugeteilt. Klausen, so sagte man mir, habe sich auf die Aufdeckung derartiger Straftaten spezialisiert."

Erich Rottmann hatte sehr aufmerksam zugehört.

„Als ich noch im aktiven Dienst war, habe ich mich im Rahmen einer Fortbildung auch mit diesem Thema beschäftigt. Soweit ich weiß, kommen die Täter meist aus dem näheren Bekanntenkreis des Opfers. Es ist typisch für diesen Täterkreis, dass sie sich von ihren Opfern Trophäen beschaffen. Wahrscheinlich sitzt er zu Hause und geilt sich an Ihren Dessous auf.

Haben Sie Feinde?"

Die Oberbürgermeisterin betrachtete ihre Finger, die nervös auf dem Lenkrad herumklopften.

„Nennen Sie mir einen Politiker, der keine Feinde hat. Irgendwann und irgendwo bin ich bestimmt Menschen auf die Füße getreten."

„Sie haben vorhin erwähnt, dass die Sache einige Zeit nach den Wahlen begann. Als Wahlbürger weiß ich ja, wer Ihre Gegenkandidaten waren. Könnte aus dieser Ecke etwas kommen?"

Der Regen hatte mittlerweile deutlich nachgelassen, und die Frau öffnete die Scheibe einen Spalt, damit die beschlagenen Scheiben wieder frei wurden.

„Mein härtester Konkurrent innerhalb der Partei war Arnulf Kohlmeißel. Als ich ihn innerparteilich geschlagen habe, war er einige Zeit ziemlich sauer. Dann habe ich ihn für das Amt des Fraktionsvorsitzenden vorgeschlagen. Damit schien der Friede wiederhergestellt zu sein. Dann waren da noch Georg Nabenschlager von der *Initiative Notopfer Würzburg* und schließlich mein Amtsvorgänger, der aber seine Kandidatur zurückzog, als er merkte, dass er keine Chance mehr hatte. Es gab dann noch, wie Sie wissen, zwei Kandidaten von kleineren Gruppierungen, die aber von vornherein keine Erfolgsaussichten hatten.

Kohlmeißel habe ich von der Sache informiert. Er hat Nabenschlager in Verdacht. – Ich kann das nicht glauben."

Rottmann wechselte das Thema.

„Wo hielt sich Tobias Klausen auf, bevor ich ihn tot fand? Anders gefragt: Da er Sie bewachen musste, wo waren Sie an diesem Abend?"

„Ich habe es bereits Ihren Kollegen erklärt. Wir hatten an diesem Tag eine sehr schwierige Stadtratssitzung. Aus bestimmten Gründen fand die Sitzung nicht im Rathaus, sondern im Stadtteilzentrum in Grombühl statt. Sie war ungefähr um Mitternacht beendet. Mit Klausen hatte ich ausgemacht, dass er im Rathaus auf meinen Anruf warten sollte, um mich anschließend in Grombühl mit dem Dienstwagen abzuholen. In solchen Fällen hat er sich, soweit ich weiß, eine Lektüre mitgebracht und es sich auf der Couch im Büro bequem gemacht."

„Sind Sie sicher, dass alle Stadträte anwesend waren? Insbesondere: Waren alle bis zum Ende der Sitzung da?"

Die Oberbürgermeisterin hob die Hände. „Ich gehe davon aus. Aber um Ihnen Einzelheiten sagen zu können, müsste ich das Protokoll lesen. Sie verstehen, bei den vielen Sitzungen kann ich mir nicht merken, wer in welcher Sitzung wann gegangen ist oder gefehlt hat."

„Das wäre wichtig. Können Sie mich morgen früh zurückrufen?"

Die Frau hinter dem Steuer nickte.

„Als Sie von der Sitzung zurückkamen, war Klausen weg?"

„Ja."

„Was haben Sie dann gemacht?"

„Ich war ziemlich verärgert. Schließlich war der Mann dazu da, mich zu beschützen. Gerade in der Nacht. Er hatte auch keine Nachricht hinterlassen.

Nachdem er auch nach einer Viertelstunde noch nicht aufgetaucht war, habe ich meinen Mann angerufen, der mich dann abgeholt hat."

„Ist Ihnen in Ihrem Büro etwas Verdächtiges aufgefallen?"

Sie überlegte einen Moment, dann schüttelte sie den Kopf.

„Nichts. – Doch! Warten Sie. Auf dem Tisch stand eines meiner Gläser, das ich dort nicht hinterlassen hatte. Ich nahm allerdings an, dass es Klausen benutzt hatte und räumte dem keine Bedeutung ein. Außerdem, muss ich sagen, dass ich meine Gedanken noch immer bei der Sitzung hatte und meiner Umgebung kaum Beachtung geschenkt habe."

„Durch welchen Ausgang haben Sie das Rathaus verlassen?"

„Ich habe den Ausgang *Karmelitenstraße* benutzt, weil dort mein Mann wegen des Weindorfes besser halten konnte."

„Es könnte sein, dass Sie den Täter nur knapp verfehlt haben. Um diesen Zeitpunkt herum habe ich die Leiche am *Grafeneckart* gefunden."

„Mein Gott!"

Rottmann resümierte laut: „Nehmen wir einmal an, dass der Täter Tobias Klausen in Ihrem Zimmer getötet oder, was ja auch möglich ist, tot aufgefunden hat. Dann beseitigte er die Leiche, was sicher kein einfaches Unterfangen war. Klausen war ein kräftiger Mann. Daraus schließe ich, dass der Täter ebenfalls männlichen Geschlechts ist. Es muss ein Mann sein, der um diese Zeit Zugang zum Rathaus hat, also über einen Hausschlüssel verfügt. Das dürfte den Täterkreis deutlich einschränken."

„Ich verstehe immer noch nicht die Motive des Täters. Was kann es einem Menschen geben, mir so etwas anzutun?"

„Die menschliche Seele ist ein Abgrund. Wir werden mehr erfahren, wenn wir den Täter haben", erwiderte Rottmann. „Wenn Sie damit einverstanden sind, würde ich mich gerne einmal nach Dienstschluss im Rathaus umsehen. Sie dürfen aber mit absolut niemandem darüber sprechen!"

„Was verstehen Sie unter ‚umsehen'?" Sie sah ihn forschend an.

„Nun, als Privatmann habe ich ein paar Möglichkeiten mehr, mir Informationen zu beschaffen. Lassen Sie mich mal machen."

Die Oberbürgermeisterin überlegte einen Augenblick, dann erklärte sie sich einverstanden.

„Ich greife nach jedem Strohhalm. Versuchen Sie Ihr Glück. Ich erwarte jedoch von Ihnen absolute Diskretion. Wenn die Presse von der Sache erfährt, kann ich meinen Hut nehmen. Nichts darf nach draußen dringen. – Kann ich mich darauf verlassen?"

„Sie haben mein Wort."

„Sie werden einen Schlüssel benötigen."

Rottmann lächelte hintergründig.

„Machen Sie sich deshalb keine Sorgen. Ich komme schon rein, wo ich rein will."

Ein paar Minuten später verließen Rottmann und der Hund den Wagen des Stadtoberhauptes. Der Regen hatte sich verzogen, und durch die dicken Wolken zwängten sich die ersten Sonnenstrahlen.

Die Oberbürgermeisterin von Würzburg sah den beiden nachdenklich hinterher. Jetzt befielen sie doch leise Zweifel, ob sie richtig gehandelt hatte. Schließlich suchte und fand sie die Fernbedienung und öffnete das Tor zur Garage.

Erich Rottmann schlug den Weg zur Stadt ein. Die warme Luft trocknete seine Kleidung und Öchsles Fell.

Bevor er das Haus betrat, zwang ihn ein unbestimmtes Gefühl, einen kurzen Blick in die Garage zu werfen, wo sein Prachtstück abgestellt war. Plötzlich blieb er stehen.

Hinter dem Griff des Garagentores klemmte etwas. Langsam ging er näher. Als er einen Fichtenzweig erkannte, runzelte er die Stirn. Ihm schwante Übles. Das Schloss des Garagentors war zwar eingeklinkt, aber nicht abgeschlossen. Der Mechanismus war schon seit Jahren defekt. Er schwang das Garagentor nach oben auf.

Die Bescherung stach ihm sofort ins Auge. Für den Augenblick war er wie gelähmt. Er konnte es einfach nicht fassen. Dann machte sich sein Schmerz in einem derben Fluch Luft. Öchsle zuckte zusammen.

Jemand hatte alle vier Reifen des VW-Käfers aufgestochen. Der Wagen stand hilflos und platt auf den Felgen.

Als die Aufwallung seines unterfränkischen Blutes sich etwas gelegt hatte und er wieder einigermaßen klar sehen konnte, bemerkte er ein Blatt Papier, das mit der Schrift nach unten hinter einem der Wischerblätter klemmte.

Rottmann nahm es an sich und drehte es um. Das Blatt war mit zwei großletterigen Zeilen beschrieben, die offenbar mit einem Computerdrucker geschrieben worden waren.

LASS DIE FINGER VON RIALENA!
DAS NÄCHSTE MAL IST DEIN HUND DRAN!

„Dieses gottverdammte A…loch!“

Rottmann verfügte dank seiner ländlich sittlichen Abstammung über einen ausgeprägten Vorrat an Schimpfworten, den er in den nächsten Sekunden heftigst plünderte. Als er nach einiger Zeit etwas Dampf abgelassen hatte, ging er langsam um das Auto herum. Er atmete etwas auf, als er keine weiteren Beschädigungen entdecken konnte.

An der Urheberschaft dieses Vandalismus bestand für ihn kein Zweifel. Offenbar hatte der Stalker herausbekommen, dass Rottmann ihm auf den Fersen war. In seinem kranken Kopf bildete er sich offenbar ein, er wäre ihm bei der Oberbürgermeisterin ins Gehege gekommen. Ein Gedanke, den Rottmann zwar nicht nachvollziehen konnte, aber die Handlungen dieses Burschen entzogen sich sowieso der Vernunft eines Normalbürgers.

Bei allem Ärger über die Beschädigung der Reifen gab ihm der Vorfall eine gewisse Befriedigung. Der Kerl kam langsam aus der Deckung. Wenn dieser Bastard allerdings glaubte, er könne Rottmann mit solchen Aktionen beeindrucken oder gar von etwas abhalten, hatte er sich gewaltig getäuscht. Widerstände hatten den *Terrier* schon immer zu Höchstleistungen angespornt.

Rottmann schloss die Garage und stapfte grimmig in seine Wohnung. Eigentlich hatte er noch zum Stammtisch gewollt. Jetzt war ihm aber die Laune verdorben. Er machte es sich in seinem Sessel bequem und schenkte sich einen Schoppen ein. Der samtige fränkische *Spätburgunder* besänftige sein Gemüt. Er steckte sich eine Pfeife an und blies eine kräftige Rauchwolke in Richtung Zimmerdecke. Der meditative Charakter dieser rituellen Handlungen gab ihm Ruhe und schärfte seinen Verstand.

Dieser verdammte Kerl befand sich offenbar im Zustand gnadenloser Selbstüberschätzung. Ein Umstand, den man sich unbedingt zunutze machen musste. Rottmann beschloss, den Spieß umzudrehen und dem Jäger eine Falle zu stellen.

Nach einiger Zeit stand sein Plan fest. Es galt, schnell zu

handeln, ehe dieser Kerl einen wesentlichen Beweis vernichten konnte. Rottmann legte die Pfeife zur Seite und griff zum Telefonhörer.

Als Elvira Stark Rottmanns Stimme am Telefon erkannte, machte ihr Herz einen kleinen Freudenhupfer. Es gab nicht viele Männer, die sie in den vergangenen Jahren nach einem gemeinsamen Schoppen wieder angerufen hatten.

Seine Aussage, dass er noch einmal ihre Hilfe benötigte, holte sie allerdings schnell wieder auf den Boden der Tatsachen zurück. Der ehemalige Jugendfreund rief sie nicht wegen ihrer schönen Augen an. Aber was nicht war, konnte ja noch werden.

Sie verabredeten sich für den nächsten Vormittag in einem Stehcafé am Marktplatz. Dort hoffte Rottmann vor den neugierigen Augen seiner Stammtischbrüder sicher zu sein. Jedenfalls kostete dieses „Lokal“, falls er wider Erwarten mit Elvira gesehen wurde, keine Stammtischstrafe.

Der Anruf der Oberbürgermeisterin kam sehr früh. Rottmann lief noch im Schlafanzug durch die Wohnung.

„Zu Ihrer Frage von gestern“, kam sie sofort zur Sache. „Es waren bei der besagten Sitzung alle Stadträte anwesend, bis auf die Kollegen Kohlmeißel, der sich wegen einer wichtigen Krisensitzung irgendeines städtischen Gremiums entschuldigt hatte, und Nabenschlager, der um 19 Uhr die Sitzung verließ, weil er ebenfalls noch einen wichtigen Sitzungstermin wahrnehmen musste.“

Erich Rottmann bedankte sich für die prompte Erledigung, dann unterbrach die Oberbürgermeisterin das Gespräch. Er hatte den Eindruck, dass die Rathaus-Chefin ziemlich genervt war.

Diesmal war Elvira Stark wesentlich dezenter gekleidet als bei ihrer letzten Verabredung. Trotzdem war sie auch jetzt wieder eine angenehme Erscheinung. Das fiel sogar Rottmann auf, und das wiederum war höchst bemerkenswert.

Sie holten sich einen Kaffee und ein Stück Kuchen, dann stellten sie sich an einen der Stehtische. Öchsle hatte er mittlerweile vor dem Café „geparkt". Der Rüde würde geduldig warten.

„Was kann ich für dich tun?" Elvira kam gleich zur Sache.

Rottmann war klar, dass er ihr jetzt weitere Details anvertrauen musste, sonst würde sie ihm nicht helfen.

Als er Minuten später verstummte, war Elviras Miene sehr betroffen.

„Das ist ja schrecklich! Wie in einem Krimi … und du meinst, du könntest den Kerl überführen?"

Rottmann zuckte mit den Schultern.

„Nach dem, was mir die Oberbürgermeisterin gesagt hat, bin ich mir sehr sicher, dass der Täter aus ihrem nächsten Umfeld kommt. Es wird nur schwer werden, es zu beweisen. Ich werde versuchen, dem Kerl eine Falle zu stellen. Und dazu benötige ich deine Hilfe. Du hast ständig Zugang zu allen Büros und kennst die Menschen aus der politischen Führungsschicht des Rathauses. Es muss meines Erachtens ein Täter sein, der unproblematisch Zugang zur Oberbürgermeisterin hat, der ihre Gewohnheiten kennt und über ihren Terminkalender Bescheid weiß. Das engt den Täterkreis ein ganzes Stück ein."

Elvira Stark musste nicht lange nachdenken.

„Was soll ich tun?"

„Du machst ganz einfach das, was du immer tust: Deine Arbeit. – Nur mit dem kleinen Unterschied, dass du dich mit den Herrschaften auf der Führungsetage diesmal nicht über das Wetter oder sonstige Belanglosigkeiten unterhältst, sondern über ein Gerücht, das dir zu Ohren gekommen ist …"

Rottmann sah sie bedeutungsvoll an.

„Welches Gerücht?“

„Nun, du erzählst, dir sei zu Ohren gekommen, dass ein pensionierter Kriminalkommissar mit dem Einverständnis der Oberbürgermeisterin am Wochenende im Rathaus die Büros der Führungsetage durchsuchen wird. – Mehr sagst du nicht!“

„Was versprichst du dir davon?“

Erich Rottmann wiegte den Kopf hin und her. „Unser Mann soll durch dieses Gerücht aufgeschreckt werden. Ich könnte mir sehr gut vorstellen, dass er sich gezwungen sieht, aus seiner Anonymität herauszutreten, um auch die letzten Spuren seiner Tat zu beseitigen.“

Elvira Stark kniff die Augen zusammen.

„Lass mich raten. Du meinst das Schussloch im Parkett? Es ist übrigens immer noch vorhanden. Ich habe erst gestern nachgesehen.“

Rottmann machte eine zustimmende Handbewegung.

Nachdem ihm seine Verbündete versichert hatte, sich strikt an seine Anweisungen zu halten und ihn über etwaige Beobachtungen sofort zu unterrichten, tranken sie ihren Kaffee aus und verabschiedeten sich.

Öchsle wedelte sich fast die Rute vom Hintern, so freute er sich, als er sein Herrchen wiederhatte. Er mochte es gar nicht, von ihm getrennt zu sein.

Wenn Elvira Stark etwas in die Hand nahm, dann gründlich. Sie ging daher an diesem Tag etwas früher ins Rathaus, um die betreffenden Leute aus der Führungsetage auch anzutreffen. Wie erwartet, waren um diese Zeit fast alle Büros besetzt.

Sie schnappte sich ihren Putzwagen, zog los und vertraute jedem, der es hören wollte – oder auch nicht –, hinter vorgehaltener Hand, unter dem Siegel der Verschwiegenheit, ihre

Geschichte an. Politiker, Kommunalpolitiker insbesondere, haben ja eine besonders sensible Ader für Buschtrommeln, Latrinenparolen oder Windeier. Schließlich ist es immer möglich, dass das eine oder andere Gerücht über den politischen Gegner ein Körnchen Wahrheit enthält, aus dem man dann unter Umständen einen politischen Vorteil ziehen kann. Selbstverständlich nur zum Wohle derer, die einen per Wahlzettel in dieses verantwortungsvolle Amt gehievt hatten. So hatte Elvira wirklich keine Schwierigkeiten, offene Ohren zu finden.

Der Jäger saß in seinem Büro und starrte blicklos vor sich hin. Die ganze Angelegenheit nahm zwischenzeitlich Dimensionen an, die bedrohlich wurden. Dieser verdammte Bulle gab nicht nach, trotz der eindeutigen Warnung, die er ihm hatte zukommen lassen. Jetzt pfiffen es sogar schon die Putzfrauen in den Fluren, dass der Kerl hier herumschnüffelte. Am meisten ärgerte ihn, dass SIE sich hinter den Kerl stellte. Er würde ihr wohl eine schmerzhafte Botschaft zukommen lassen müssen. Zunächst galt es aber, Panik zu vermeiden und in aller Ruhe noch einmal alle Punkte durchzugehen, um sicher zu sein, dass er keine Spur hinterlassen hatte, die zu seiner Person führen konnte. Er erhob sich und tigerte in seinem Büro auf und ab.

Er hatte bei allen Handlungen an diesem speziellen Abend Gummihandschuhe getragen. Fingerabdrücke dürften daher wohl keine zu finden sein. Das Kissen und das Glas lagen auf dem Grund des Mains. Beim Leichentransport im Hause dürfte ihn eigentlich auch keiner gesehen haben, denn die Kollegen waren alle in der auswärtigen Stadtratssitzung gewesen.

Plötzlich blieb er stehen. Verdammt! Das Schussloch im Boden! Das darin steckende Projektil führte zwar, wenn man es fand, nicht automatisch zu ihm. Die Polizei würde aber dann wissen, dass der Schuss in diesem Büro abgegeben worden war.

Sicher würden die Beamten sofort feststellen, welche Personen zu IHREM Büro Zutritt hatten. Er gab sich keiner Illusion hin. Sein Alibi würde keiner Überprüfung standhalten.

Er schlug sich mit der geballten Faust in die Hand. Es half alles nichts: Wenn er auf Nummer Sicher gehen wollte, musste er dieses Loch irgendwie beseitigen.

Auf seine Stirn trat Schweiß. Er musste noch vor dem Wochenende eine geeignete Nacht finden, in der er aktiv werden konnte. Dann kam ihm noch eine Idee, wie er eine falsche Fährte legen könnte. Bei dem Gedanken begann er hämisch zu grinsen. Er atmete wieder auf. Die Sache war im Griff! Das Gefühl der Überlegenheit, das ihn erfüllte, brachte ihn in Hochstimmung. Er wusste, dass die Polizei diesen Fall irgendwann als unerledigt zu den Akten legen musste. Dann hatte er wieder vollständige Macht über SIE.

Erich Rottmann stellte das Schoppenglas mit dem süffigen *Kerner* auf den Tisch zurück und fuhr sich mit der Hand über die Lippen.

„... so ist das nun mal, meine Herren, in den nächsten Tagen müsst ihr am Stammtisch auf mich verzichten."

Das Volksgemurmel der *Schoppenfetzer* zeigte ihr Erstaunen über diese Ankündigung eines ihrer Gründungsmitglieder.

„Was ist los, Erich, bist du krank?" Dr. Ritter klang ernsthaft besorgt. „Können wir dir irgendwie helfen?"

„Ach was, von wegen krank", zischelte Ron Steiner. „Er wird sich wohl eine Flamme angelacht haben. Soll es ja geben, dass in diesem Alter die Hormone noch einmal Purzelbaum schlagen." Er kicherte.

Erich Rottmann schüttelte den Kopf. „Meine Herren, keine Sorge, mit mir ist alles in Ordnung. Übrigens, danke, Ron, dass du mich an deinen persönlichen Erfahrungen, was deinen schwankenden Hormonhaushalt betrifft, teilhaben lässt. Meiner bewegt sich Gott sei Dank in normalen Grenzen. – Nein, Herrschaften, ich habe nur etwas zu erledigen. Mehr nicht."

Trotz dieser abschließenden Bemerkung versuchten die Stammtischbrüder im Laufe des Abends immer wieder, die Verschwiegenheit Rottmanns zu durchbrechen. Vergeblich. Wodurch sich in den Köpfen der Herren immer mehr der Eindruck vertiefte, ihr Stammtischbruder Erich könnte, trotz seiner Dementis, in irgendwelche amourösen Abenteuer verstrickt sein. Ein Umstand, der, würde er zutreffen, eine kleine Sensation wäre. Schließlich galt Rottmann in Stammtischkreisen als letzte uneinnehmbare Bastion männlichen Junggesellendaseins.

Als Rottmann am späten Abend, kurz vor Mitternacht, angereichert mit einigen spendierten Schoppen – die Stammtischbrüder hatten es wirklich mit allen „Vernehmungsmethoden" versucht, ihn zum Reden zu bringen – nach Hause kam, blinkte aufgeregt die Lampe des Anrufbeantworters.

„Hallo Erich, hier ist Elvira. Bitte ruf mich zurück, egal zu welcher Uhrzeit!"

Ihre Stimme klang so alarmierend, dass Rottmann sofort zum Hörer griff.

„Ach, Gott sei Dank, Erich, dass du anrufst", sprudelte Elvira Stark sofort los, nachdem Rottmann sich gemeldet hatte. „Kannst du jetzt noch bei mir vorbeikommen? Ich muss dir dringend etwas zeigen!"

Rottmanns Begeisterung, jetzt noch einmal nach Heidingsfeld fahren zu müssen, hielt sich in Grenzen. Eigentlich hatte er die nötige Bettschwere. Nachdem Elviras Stimme aber ernsthaft besorgt klang, sagte er zu.

Mit Öchsle im Gefolge, dessen Weltbild ob der ungewohnten Aktivitäten seines Herrchens zu dieser Nachtzeit einen kleinen Riss bekam, bestieg er eine Viertelstunde später die Straßenbahnlinie 5. Bis auf wenige Nachtschwärmer waren Herr und Hund die einzigen Fahrgäste.

Das Haus, in dem Elvira Stark wohnte, war leicht zu finden. Er hatte den Finger noch nicht vom Klingelknopf genommen, als auch schon der Türöffner summte.

„Komm rein", bat ihn die Frau ernst und trat zur Seite. Mit einem Blick erfasste das geübte Auge des Kriminalbeamten die räumliche Umgebung. Etwas konservativ, aber gemütlich.

Öchsle schnüffelte neugierig in den Ecken herum.

Elvira ließ Rottmann nicht viel Zeit zum Schauen. Ohne ihm einen Platz anzubieten, eilte sie zum Wohnzimmertisch und drückte Erich Rottmann eine Einkaufsplastiktüte in die Hand. Von einem der Sessel griff sie sich ein paar Haushaltsgummihandschuhe und hielt sie ihm hin.

„Zieh dir die über. Der Inhalt könnte ein wichtiges Beweisstück sein. Ich habe ihn nur mit Gummihandschuhen angefasst und gleich in die Plastiktüte gesteckt."

Jetzt war Rottmann doch neugierig. Schnell zog er die Handschuhe über, dann öffnete er die Tüte und blickte hinein.

Zunächst entdeckte er nur eine weitere, durchsichtige Plastiktüte. Vorsichtig schüttete er den Inhalt auf den Wohnzimmertisch. Nachdem er ihn einen Moment lang gemustert hatte, griff er in die zweite Tüte und holte ein Stück Stoff heraus. Rottmann entfaltete ein Damen-Seidenunterhemd, dem der zarte Duft von *Emotion* entströmte.

„Wo hast du das gefunden?", fragte Rottmann ernst.

„Ich machte heute Abend das Zimmer eines unserer Stadträte sauber. Dabei bemerkte ich, dass der Seiteneinschub des Schreibtisches etwas geöffnet war. Zuerst wollte ich ihn nur schließen, … dann hat mich doch die Neugierde geplagt, und ich habe mal kurz hineingesehen. … Da lag dann die Plastiktüte mit Inhalt."

„Jetzt rede nicht um den heißen Brei herum! Wessen Büro war es?"

Elvira war sichtlich geschockt. „Ich kann es wirklich nicht glauben. Aber es war … es war das Büro von Stadtrat Nabenschlager!"

Diese Aussage schlug ein wie eine Bombe. Auf der Stirn von Erich Rottmann bildeten sich zwei steile Falten. Betroffen betrachtete er das Dessous.

„Nabenschlager also … Da sieht man wieder einmal, dass man in den Kopf eines Menschen nicht hineinsehen kann."

„Elvira schüttelte entschieden den Kopf. Das glaub ich einfach nicht! Er ist doch so ein netter Mann!"

Rottmann machte eine resignierende Handbewegung. „Es ist ja noch kein Beweis, sondern nur ein Indiz. Aber …"

Er ließ den Satz unvollendet, statt dessen stopfte er das Hemdchen wieder vorsichtig in die Tüte zurück, peinlich bemüht, damit nirgendwo anzustreifen.

„Danke, Elvira! Prima Arbeit. Jetzt muss ich den Kerl nur noch auf frischer Tat erwischen, dann können wir den Sack zumachen."

In Anbetracht der Tageszeit hielt er sich nicht länger auf. Er packte das Beweisstück zusammen und verabschiedete sich.

Fast die ganze Nacht wälzte er sich in seinem Bett herum und konnte nicht schlafen. Als er am Morgen wie gerädert aufstand, hatte er einen neuen Plan. Wieder einmal griff er zum Telefon.

Die Nacht war mondlos. Als der Jäger mit seinem Schlüssel das Rathaus betrat, war Mitternacht längst vorüber. Mit schlafwandlerischer Sicherheit fand er das Büro der Oberbürgermeisterin. Nachdem er sich versichert hatte, dass keine Gefahr drohte, schloss er auf und trat ein. Er hatte sich bei einem Outdoorausrüster eine Kopflampe besorgt, damit er bei seinem Vorhaben die Hände frei benutzen konnte, ohne das verräterische Deckenlicht anschalten zu müssen.

Wie erwartet, lag der Raum in völliger Dunkelheit. Die Anspannung seiner Nerven war enorm. Unwillkürlich fühlte er sich in die Situation vor einigen Tagen zurückversetzt, als er die Leiche gefunden hatte. Er schaltete die Kopflampe an und richtete den Strahl in Richtung Couch.

Er gab sich einen Stoß und eilte zu der Stelle, wo er das Loch unter dem Teppich wusste. Mit einem Ruck löste er den nur noch schwach klebenden Teppich vom Boden und schlug ihn zurück. Dann griff er in die mitgebrachte Plastiktüte. Er hatte sich in einem Baumarkt ein Reparaturset für beschädigte Parkettböden besorgt. Es enthielt eine zähe Masse, die, ausgehärtet, das Loch kaschieren sollte. Jedenfalls hatte ihm das der Verkäufer versichert. Er öffnete die Tube und begann damit, die zähe Masse in das Loch zu drücken.

In diesem Augenblick hörte er ein schwaches Geräusch, gleichzeitig flutete grell die Deckenbeleuchtung auf.

„Guten Abend, oder besser, guten Morgen, Herr Stadtrat, seit wann sind Sie denn unter die Heimwerker gegangen?"

Erich Rottmann stand wie ein Racheengel unter der Tür des angrenzenden Waschraums, Öchsle neben ihm knurrte verhalten.

Arnulf Kohlmeißel kniete wie gelähmt auf dem Boden und starrte Rottmann an, als wäre er eine Erscheinung aus einer anderen Welt.

Langsam trat Erich Rottmann auf die Seite, so dass ein weiterer Mann die nächtliche Bühne betreten konnte.

„Erich, ich wusste gar nicht, dass sich unsere Stadträte sogar um die Beschaffenheit der Fußböden im Rathaus kümmern. Wirklich sehr aufopfernd! Da wird sich unsere Frau Oberbürgermeisterin aber bestimmt freuen."

Kommissar Deichler war sichtlich beeindruckt. Dann holte er langsam die Handschellen aus der Tasche.

Elvira Stark hatte aufgefahren, was Kühlschrank und Küche hergegeben hatten. Der Tisch in ihrem Wohnzimmer war fein gedeckt, und die ganze Wohnung roch verführerisch. Es gab wunderbaren Spargel aus Düllstadt, rohen und gekochten Schinken aus Rimpar und neue Kartoffeln aus Italien – letzteres ein kleiner Stilbruch, den sie sich aber verzieh. Sie glich dies durch einen trockenen *Müller-Thurgau* aus Eibelstadt aus, der wunderbar zum Spargel passte.

Als Elvira einige Tage nach der Auflösung des Falles Erich Rottmann zum Essen eingeladen hatte, um die Verhaftung Kohlmeißels gebührend zu feiern, hatte der überzeugte Junggeselle zunächst einmal zurückgezuckt, witterte er doch hinter der Einladung die feinen Netze einer gewieften Spinne. Schließlich hatte er dann aber nicht nein sagen können, ohne seine aktive Helferin massiv zu beleidigen. Er war ihr diese Anerkennung einfach schuldig.

Jetzt saß er im feinen Zwirn am Tisch und goß sich ausgelassene Butter über die Spargelstangen. Öchsle hatte einen extragroßen Kauknochen bekommen, lag in der Ecke auf einer Decke und war beschäftigt.

„Lass es dir schmecken!" Elvira hatte sich wieder fein gemacht und strahlte Erich Rottmann an.

Nachdem sie gegessen hatten – Rottmann hatte ein gutes Pfund des edlen Gemüses verdrückt –, räumte Elvira ab. Als sie aus der Küche zurückkam, konnte sie sich nicht länger zurückhalten.

„Komm, setzen wir uns auf die Couch. Jetzt erzähl mal, wie hat sich der Fall denn aufgelöst. Du kannst dir gerne dazu eine Pfeife anstecken. Ich rieche das gerne."

Dieses Angebot nahm Erich Rottmann an. Als der Pfeifentabak brannte, begann er zu erzählen.

„Nun ja, als wir Kohlmeißel im Büro der Oberbürgermeisterin auf frischer Tat ertappt hatten, hat er noch in der Nacht gesungen wie eine Nachtigall. Er ist total zusammengebrochen."

Rottmann nahm einen Schluck vom Schoppen.

„Kohlmeißel ist bei der letzten Wahl des Oberbürgermeisters in der Partei als Kandidat ausgebootet worden. Statt seiner wurde Rialena nominiert. Damit hatte er absolut nicht gerechnet. Dass es ausgerechnet auch noch eine Frau war, die ihn ausgestochen hatte, nagte an seinem Ego. Irgendwann hat er damit begonnen, seinen Frust abzureagieren, indem er Dr. Beckstein-Mannfeld beobachtete. Er hinterließ Zeichen, dass sie es bemerkte. Sie bekam mit der Zeit Angst, was ihm wiederum Befriedigung verschaffte. Er wurde dann immer frecher, bis eines Tages unsere Oberbürgermeisterin ihre Beziehungen nach München spielen ließ und ihr vom Landeskriminalamt Tobias Klausen als Personenschützer zugeteilt wurde. Trotzdem machte Kohlmeißel weiter. Er war schon völlig von diesen perversen Machtgefühlen abhängig.

Klausen war Kohlmeißel verständlicherweise ein Dorn im Auge, nicht zuletzt deshalb, weil er sich in seiner krankhaften Phantasie einredete, die Oberbürgermeisterin habe auf den jungen Beamten ein Auge geworfen.

Völlig Unrecht hatte er allerdings nicht. Es lief schon was, aber nicht mit Rialena, sondern mit Renate Drossbach, der persönlichen Referentin der Oberbürgermeisterin. Sie hatte sich mit Klausen eingelassen.

Hin und wieder nutzten die beiden die Gelegenheit, wenn

Klausen auf die Oberbürgermeisterin warten musste, um auf deren Dienstcouch ein Schäferstündchen zu genießen.

So war das auch am Tag von Klausens Tod. Bei diesem Treffen, bei dem es offenbar recht heiß herging, muss Klausen versehentlich aus dem Glas getrunken haben, in das sich Renate Drossbach eine Weinschorle eingeschenkt hatte. Klausen hatte sie, wie sie glaubhaft versicherte, auf dessen Wunsch hin reines Mineralwasser eingeschenkt. Die Gläser standen nebeneinander auf dem Tisch. In der Hitze des Gefechts muss sie Klausen irrtümlich das Glas mit Wein gereicht haben. Da er auf Wein hochgradig allergisch war, fiel er sofort in einen anaphylaktischen Schock. Die Drossbach ist in Panik davongelaufen. Kurze Zeit darauf war Klausen tot.

Die junge Frau ist total zusammengebrochen. Unterlassene Hilfeleistung ist natürlich strafbar.

Jetzt kam Kohlmeißel ins Spiel. Er hatte in der Nacht nach einer Sitzung noch Unterlagen für den nächsten Tag aus dem Büro holen wollen und dabei aus dem Arbeitszimmer der Oberbürgermeisterin Geräusche gehört. Vermutlich hat er den Todeskampf des unglücklichen Tobias Klausen mitbekommen. Er dachte fälschlich, dass sich Rialena dort mit Klausen amüsierte. Als er dann das Zimmer der Oberbürgermeisterin betrat, war Renate Drossbach in Panik davongelaufen und Tobias Klausen schon tot.

Kohlmeißel dachte, wenn er die Leiche beseitigen würde, hätte er ein weiteres Druckmittel gegen die Oberbürgermeisterin, das er zu gegebener Zeit ausspielen konnte. Deshalb ließ er sich in aller Eile etwas einfallen, um die Polizei auf die falsche Fährte zu führen. Er beseitigte alle Beweise, bis auf die Kugel im Boden, und karrte die Leiche zum *Grafeneckart*, wo ich sie dann gefunden habe."

Er holte tief Atem und nahm einen kräftigen Schluck.

Elvira hatte ihn nicht unterbrochen. Nach einer kurzen Pause, in dem sie die Informationen auf sich einwirken ließ, meinte sie:

„Nachdem der Tod von Tobias Klausen ein Unfall war, geschieht Kohlmeißel wahrscheinlich gar nicht viel. Einen Toten kann man ja schlecht erschießen."

„Nun, ein bisschen was geht schon. Vortäuschung einer Straftat, Nötigung und so weiter. Schließlich hat er, als er von dir hörte, dass ich im Rathaus herumschnüffeln würde, dem armen Nabenschlager das Dessous in die Schreibtischschublade geschmuggelt, wo du es dann gefunden hast. Das war ein plumper Versuch, von sich abzulenken.

Dem Staatsanwalt fällt da schon etwas ein. Die Herren Strafverfolger sind da manchmal sehr kreativ.

Was Kohlmeißel aber sicher viel härter trifft, ist die Tatsache, dass seine politische Karriere am Ende ist. Er ist schon von sämtlichen Ämtern zurückgetreten. Der kriegt politisch keinen Fuß mehr auf den Boden."

„Nun, bei Politikern wäre ich mir da nicht so sicher …", warf Elvira ironisch ein.

Sie merkte, dass Erich Rottmann sein Glas ausgetrunken hatte, stand auf und ging in Richtung Küche.

„Erich, zur Feier des Tages habe ich noch ein ganz besonderes Tröpfchen besorgt. Eine *Trockenbeerenauslese* von der Mosel. Ein wirklich verführerischer Wein."

Ihre Stimme hatte bei den letzten Worten eine ganz besondere Klangfärbung angenommen. Ein Klang, der bei Erich Rottmann sämtliche Alarmglocken schrillen ließ.

„Ach, weißt du Elvira, das Essen war ja ganz hervorragend. Aber wenn ich jetzt noch eine *Trockenbeerenauslese* trinke, dann versacke ich hier völlig."

„Aber, lieber Erich, das ist doch kein Problem. Du kannst

gerne bei mir übernachten. Schließlich sind wir erwachsene Menschen …" Ihr Blick ließ keine Fragen offen.

In diesem Augenblick begann Öchsle zu winseln und schubste sein Herrchen gegen das Bein.

„So was Dummes", sagte Rottmann mit Bedauern in der Stimme und stemmte sich mühsam in die Höhe. „Öchsle muss dringend raus! Ich möchte nicht, dass er dir den Teppich versaut." Öchsles Jaulen steigerte sich.

Erich Rottmann bedankte sich noch einmal hastig bei der völlig perplexen Gastgeberin, dann war er, ehe Elvira richtig zum Denken kam, draußen.

Während der Hund geschäftig an einem Laternenpfahl sein Bein hob, schlug Erich Rottmann fluchtartig den Weg in Richtung Sebastian-Kneipp-Steg ein. Dabei brummelte er: „Ich meine, Öchsle, das mit dem Bett … ich will ja nicht übertreiben, das hätte ich ja gerade noch gebracht. Aber dass sie mir, einem alten unterfränkischen Schoppenfetzer, einen Moselwein anbietet … Junge, ich sage dir, da muss man ja fast zwangsläufig impotent werden!"

Öchsle sah seinen Herrn mit schräggelegtem Kopf an, dann gab er einen verständnisvollen Kläffer von sich und trabte weiter.

Günter Huth
Der *Schoppenfetzer* und die Silvanerleiche

Gestaltet von Peter Hellmund
Gedruckt und gebunden von CPI – Clausen & Bosse, Leck
Lektoriert von Claudia Krug
Korrigiert von Monika Thaller

Zwölfte Auflage 2014
ISBN 978-3-9808253-2-0

In der *Schoppenfetzer*-Reihe von Günter Huth
sind bisher folgende Bände erschienen:

① Der *Schoppenfetzer* und die Silvanerleiche
ISBN 978-3-9808253-2-0

② Der *Schoppenfetzer* und der Tod des Nachtwächters
ISBN 978-3-9808253-4-4

③ Der *Schoppenfetzer* und das Rotweingrab
ISBN 978-3-9808253-6-8

④ Der *Schoppenfetzer* und das Riesling-Attentat
ISBN 978-3-9808253-8-2

⑤ Der *Schoppenfetzer* und der Henkerswein
ISBN 978-3-939103-03-5

⑥ Der *Schoppenfetzer* und der Messweinfluch
ISBN 978-3-939103-09-7

⑦ Der *Schoppenfetzer* und die Weindorftoten
ISBN 978-3-939103-15-8

⑧ Der *Schoppenfetzer* und die Bacchus-Verschwörung
ISBN 978-3-939103-22-6

⑨ Der *Schoppenfetzer* und die Rache des Winzers
ISBN 978-3-939103-25-7

⑩ Der *Schoppenfetzer* und die Satansrebe
ISBN 978-3-939103-34-9

⑪ Der *Schoppenfetzer* und die blutrote Domina
ISBN 978-3-939103-39-4

⑫ Der *Schoppenfetzer* und der tödliche Rausch
ISBN 978-3-939103-46-2

Die Schoppenfetzer-Krimis sind auch als eBooks erhältlich.
www.der-schoppenfetzer.de/ebooks